お金ドバーッ♥思考

可愛い
お金持ち
養成講座

宮本佳実 著

WAVE出版

「お金持ちになれたら……」

「お金持ちの家に生まれていれば……」


幾度となく、頭をよぎった言葉たち。

あのころは、お金のないことを人のせいにしてばかり。

「高卒だから」「普通のサラリーマンの家庭の娘だから……」

そんなことばかり言って、お金持ちを羨み妬んでいた。

お金持ちの彼氏がいる友達を横目に、

「お金を持っている人は浮気するから、私はお金持ってない人でいいんだ」

「お金じゃない、愛だもん!」

と開き直ったり。

そうはいっても、心はちっとも満たされなくて、
ずっと貧乏スパイラルのなかにいた私。

欲しいものを我慢して、やりたいことを諦めて、
「こんな生活から抜け出したい！」
と思ったけど、どうやったら抜け出せるのか、わからなかった。

自分を押し殺して、イヤな仕事をして。
そうしなきゃ、お金は入ってこないし、
そうしたとしても入ってくる保証なんてないと思っていた。

でもね、いまわかったことがあるの。
「可愛いままでお金持ちになる方法」があるって。
可愛いままで、いまの私のままで、
お金がドバーッとなだれ込んでくる考え方とテクニック。

「可愛いお金持ち養成講座」——ここに開講します！

「可愛いお金持ち」とは？

✽可愛いお金持ちは、自分の心が満たされる「大好きなもの」に、お金を使います（だから自分の好きなことを見極められる「私」になることが大事！）。

✽可愛いお金持ちは、自分にも周囲にも気持ちよくお金を使います。

✽可愛いお金持ちは、無料でも自分のエネルギーに合わないものはもらいません（サンプル品やお店でもらう粗品などのことです。プレゼントは別）。

✽可愛いお金持ちは、「お金がない」と言いません。

はじめに

こんにちは、宮本佳実です。この本を手に取ってくださってありがとうございます。私は現在、ワークライフスタイリストとして、女性の新しい働き方・生き方（ワークライフスタイル）を、書籍やＳＮＳ、講演などを通して発信することを仕事としています。

高校を卒業してからは、アパレル店員、ＯＬ、司会業など、いくつかの仕事をしていました。その時々で、自分に合った好きな仕事を選んではいましたが、いつも「お金」の悩みが付いて回っていました。

その経験から、現在は「お金」や「豊さ」についてお話する機会が多く、たくさんの方に共感いただいているため、今回はその内容を本にまとめることにしました。

長い間、「私はお金に恵まれない星のもとに生まれてきたんだ」と本気で思っていたんです。ずっと昔の話ではなく、つい5年くらい前まで実はそうでした。

クレジットカードの毎月の支払いが苦しく、買いたいものもやりたいことも、我慢の日々。友人とのランチの誘いも、お財布と相談してからでないと返事ができなかったし、月末になると家でおとなしくしていることが多かった。

それくらいお金を儲けることも、使うことも下手でした。


そのころの私の心の状態は次のとおりです。
・買いたいものが買えなくてストレスが溜まっている。
・いまの収入に満足していない。
・カードの返済やローンにいつも苦しんでいる。
・人へのプレゼントを躊躇してしまう。
・人が自分より裕福だと素直に喜べない。

そんな私でしたが、いまは欲しいもの、やりたいことを、我慢しなくていいくらいの収入があり、昔はあれほど難しかった貯金も、無理なくできるようになりました。

そこで、私と同じようにお金のことで悩んでいる人がいたら、**「お金というもののとらえ方がガラリと変わり、お金がドバーッとあふれ出してくる思考法と実践法」**を贈りたいと思い、1冊にまとめました。

お金が少しずつ回るようになってきてから今日に至るまでに、私がお金というものを真剣に考え、そして出した答えが詰まっています。

序章では、これまでの私とお金にまつわるヒストリーを、1章からは、お金に対する姿勢や悩み解決のための方法を、今日から実践できるかたちにまとめています。

昨日までの「お金のないマインド」に戻りそうになったときに、1章からのどこかのページをめくっていただくと、「はっ」と気づいていただける、そんな本になっています。

それでは、あなたに豊かさがあふれ出す、お金のレッスンをスタートします。

さあ、準備はできていますか？

２０１７年４月

宮本　佳実

お金ドバーッ♡思考　可愛いお金持ち養成講座　目次

第1章

お金の本質がわかると豊かさがあふれ出す……43

第2章

お金を上手に使うと心も財布も満たされる

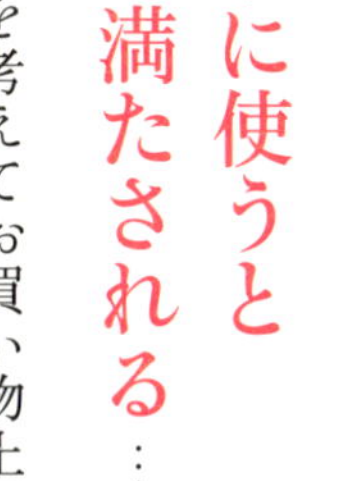

第3章

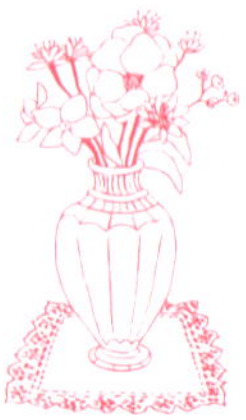

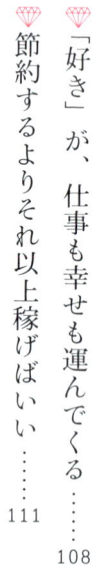

第4章

装幀　豊原 二三夫（As制作室）
イラスト　KINUE
DTP　NOAH
編集　大石聡子（WAVE出版）

序章

お金と私のヒストリー

お金はすぐになくなるものと実感した高校時代

私の通っていた高校は、進学校ではありましたが自由な校風で、学校案内に「校則は厳しくない」というようなことが書いてあり、それが魅力で志望しました。私は、名古屋出身といっても、実家があったのは名古屋駅から電車で30分くらい郊外の街。中学時代から、「絶対に名古屋市内の高校に行って、楽しい女子高生生活を送るぞ！」と決めていました。

高校に進学して、すぐにアルバイト先を見つけました。家と学校との間の駅にあるファストフード店。アルバイトは、学校の勉強よりも私にとって何倍も楽しいことでした。きちんと認めてもらえて評価もしてもらえるし、当然お金ももらえる。最初のアルバイト代を何に使ったかは忘れてしまったけれど、毎月数万円というお金が手に入り、夢のようでした。

でも、このころから私は「お金を貯める」ことが苦手で、外見にコンプレックスを持っていたので、ファッションやメイクに引き込まれ、稼いだお金はほとんど洋服に消えていました。

母親からは、いつも「もらったお金は、計画的に少しずつ使うのよ」と言われていたけど、そんなことを素直に聞く私ではありません。一度、1カ月のアルバイト代（3万円くらい）のコートを買ったときには、「何考えてるの……」と呆れられたこともあります。

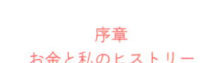

そのころよく感じていたのは、「お金って、使うとすぐなくなっちゃう」です。小さいころから母親には、「お金は、使うとすぐなくなるのよ」と言われていたけど、「本当だな……」と痛切に感じたわけです。

母親の「無駄遣いしない、計画的に使う、少しずつでも貯金する」という教えがすべて正しいことはわかっていたけど、自分の欲求に勝てず、私は高校3年間で1円も貯金できませんでした。そしてそのまま高校を卒業し、アパレル店員となるのです。

買っても買っても欲求が止まらない店員時代

私は高校を卒業し、大手アパレルメーカーの販売員となりました。たしか半年はアルバイトで、それから契約社員にしてもらえるという形だったと思います。ファッションが大好きで、当時「カリスマ店員」が流行っていたこともあり、すてきな販売員さんになるのが私の夢でもありました。

お店には毎日のように新作の洋服が入荷されてきます。それをダンボール箱から取り出し、「これ可愛いー」と言いながら、一つひとつをストックにしまっていくのは、至福のときでした。

自分が働いているブランドの商品は社員割引で買えるのですが、そこはデパートという、買い物好きには魔の館。ほかのブランドのキラキラした洋服たちが、いつも目に入ります。不思議なもので、最初は気にも止めていなかったものまで、毎日のように見ていると可愛く思えてくるのです。「欲しいもの」が毎日毎日増えていきました。

勤務時間は、普通のＯＬさんにくらべて朝はやや遅めですが、夜はほぼ終電。それだけ働いても、手取り15万円くらい。私が欲しいものをぜんぶ買ったとしたら、ゆうに30万円はいってしまいそう。増え続ける「欲しいものリスト」のなかから、買えるものを厳選する日々でした。

買っても買っても、また欲しいものが現れて、「まだ足りない、まだ欲しい」と思っていたし、もっとたくさんお給料をもらっている人たちを、いつも羨ましく感じていました。女子大生になった友達が、お母さんからシャネルのバッグを譲ってもらったとか、ヴィトンのバッグを買ってもらったとか……そういう話を聞くたびに羨ましくて仕方なかった。

私は、「あー、なんでお金持ちの家に生まれなかったのかなー」なんて、自分の家の経済事情を恨んだこともありました（お父さん、お母さん、ごめんなさい）。

服を何着か我慢して貯金すればブランドのバッグも買えたはずなのに、目先の欲求に負けて本当に欲しいものにたどり着けなかった。

欲しいものは永遠に増え続けること。お給料は上がらないこと。そのなかでやりくりするしかないこと。そんなことを知った20歳の私でした。

お金を使う価値観が広がったOL時代

21歳になった年だったと思います。「オフィスで働くOLさん」に憧れて、私は販売員を辞め、一般企業に就職しました。オフィスは名古屋の中心部にあり、毎日おしやれをしていける環境です。女子社員に制服はなく私服で働く職場でしたので、ファッション雑誌の「OL30日間コーデ」を熟読し、可愛く着回すことに命をかけていました。

OL時代に突入しても、私の金銭事情は変わりませんでした。1年目は15万円にも満たない月給。でもすごく忙しくて、働き始めたころは、近くのデパートが始まる前に出社して、退社する時刻には閉店していたため、お金を使わなかったのです。

そのとき気がつきます。「そうか！　洋服を見なければお金を使わなくて済むのか」って。でも、私の所属部署は人事部だったため、忙しいのは就職活動から新入社員教育までの時期だけで、それが過ぎると定時で帰れてしまうのです。するとまた、私のお買い物ライフが始まるわけです。

販売員のころは、私と似た金銭事情でやはり洋服に目がなく、お給料のほとんどをおしゃれに使う子が大半でした。

それがＯＬになったら、洋服はシーズンに１、２回、必要な分を買うだけで、あとは習い事をしたり旅行に行ったり、ファッション以外にお金を使う人がとても多かった。「そんなところまで回せるお金、つくれるんだ！」と衝撃でした。

「そうか、私は自分をすてきに見せてくれる服というものに価値を置きすぎていて、それが当たり前の世界にいたけれど、同じように考える人ばかりではないんだな」と思ったのです。

そうはいっても、習慣というものはなかなか変えられません。毎月、クレジット請求の封筒が届くたびに、ドキドキしながら開封していました。私にとってクレジットカードは「魔法のカード」。手元にお金がなくても、銀行にお金を預けていなくても、いま欲しければ買えてしまう。
でもそんなことをしていると、お給料をもらっても、いつもカードの引き落とし日には、お給料の半分近く（以上のときも！）がなくなってしまう。そんな生活でした。

幸い実家暮らしだった私は、食いっぱぐれる心配こそなかったものの、販売員時代は、ひどいときにはお金がなくて、友人の結婚パーティーの誘いを泣く泣く断ったこともあります（もちろん、ほかに用事があると言って……）。

この時期に（もっと昔からですが）母親からは、「将来のために貯金しなさい！」「お金は使うとなくなるって、言ってるじゃない！」「また無駄遣いして……」と言われていたので、節約法もいろいろ試しました。

毎月使う分を「食費」「交際費」と封筒に分けて入れるという初歩的なことから、定期預金をしてみたり（すぐ解約しましたが）、銀行から1回に引き出すのは3万円までとしたり、500円玉貯金もしました。

ファッション雑誌などによく特集されている「ＯＬのお財布事情」的な記事はいつも読んでいました。

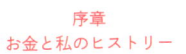

そういった企画のなかによく、「Aさんの収支」みたいな、やりくり例が書いてありますよね。「食費〇万円」「通信費〇万円」「被服費〇万円」という感じで。それを見ると、だいたい被服費は月1万円くらい、美容代も1万円くらいなんです。

「それじゃ、この雑誌に載っているニット1枚が買えるかどうかじゃない?」「美容代にしても、美容院とネイルサロンに行ったら、1万円は絶対に超えるよね。美容院には毎月は行かないにしても、基礎化粧品やコスメは、どう買えと言うの?」

と、いつも雑誌にツッコミを入れていました。

どうやりくりしたらできるのか、私には謎でしかありませんでした。

私の憧れの映画「セックス・アンド・ザ・シティ」のキャリーは、毎日すてきな洋服で仕事をしています。私にとってキャリーのようにお気に入りの洋服を着て、好きな仕事をして、毎日を過ごすことは、優先順位の高い大事な問題でした。いつもそれに向き合っては挫折し、永遠に答えの出ない問題に取り組んでいるようでした。

そんな私に友達がつけた名前が「景気をよくする女」。貯金せず、あるお金は全部使ってしまう。そう、私は日本経済をよくするのに一役買う女。でも、そんなことを言っても、自分の景気はまったく上向きになることはなく、私は20代半ばをお金に翻弄されながら過ごしていたのです。

ファッションに重きを置いていた私は、OL時代の先輩たちのように、ほかのことにお金を回すことができず、海外旅行も25歳まで行ったことがありませんでした。25歳ではじめて行ったのも、友達といった激安韓国ツアー。

有給休暇も取りにくい会社だったので、海外旅行に行きたければ年末年始。ご存知のとおり、この季節は通常の倍の価格。形の残らないものにそんな高額を払うことは、私には理解できませんでした。「それならバッグ買いたい……」と考えていたから。

「お金がもっとあればなー」
「お金持ちの家に生まれていたらなー」

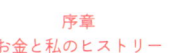

「もっとお給料が高ければなー」

そんなことばかり、いつも頭のなかでぐるぐると考える日々。でも、どうしたらいいのかわからなかった。どうしたら豊かになれるのか、あのころの私には見当もつかなかったのです。だから、節約することにフォーカスしていたけれど、その才能もまったくなく、上手にできなかった。だから毎日、

「お金がない」

「お金が欲しい」

と言っていたし、本当に思っていた。友達とのガールズトークも、

「○○ちゃんの会社、お給料25万円らしいよ」

「えー！　いいなー。私なんて……」

そんな内容ばかりでした。

そんなこと言っていたら、そんなふうに思っていたら、お金とは一向に仲よくなれないのに。それに気がつかないまま私は結婚し、ＯＬを寿退社することになりました。

収支のバランスが崩れた結婚生活

私は、OLを寿退社する1年前から、ブライダルの司会業の仕事を始めていました。当初は、結婚したら司会業だけでやっていこうと思っていたのですが、司会業というのは、結婚式当日と打ち合わせの2日間セットの仕事。交通費込みで1組2万円ほど(これは私のケースで個人差はあります)。始めて2年間は、新人の私は多くて月4組くらいしか仕事がなかったので、1カ月の収入はいい時で8万円。副業ならばいいお小遣いになりますが、本業だとかなり厳しい。

私が思い描いていたのは、平日は優雅に主婦業、土日のどちらかで司会業というものでしたが、パートナーのお給料でそれを実現するのは到底むずかしく、その夢は一気に崩れ去りました。

「このままでは、絶対に洋服を独身時代のようになんて買えない……」

そして、平日仕事に出ないというのが、こんなに暇なのかということにも辟易していた私は、平日フルタイムで派遣事務を始めることにしました。

これで収入は落ち着きましたが、今度は時間がなくなりました。朝、ラッシュの電車で会社まで行き、18時にあがり、また電車で帰ってくる。最寄り駅で降りたら、そのままスーパーに寄って買物をして帰宅。

独身時代は親元にいたので、帰ったらご飯が出てきます。スーパーに行くのなんて半年に1回、母親についていくときくらい。こうして主婦になり働きに出てみると、世界中の兼業主婦の方を私は心から尊敬しました。
「みんなはどうやっているのだろう……」私には謎でした。加えて炊事・洗濯・掃除。疲れて帰ってきても、家でやる仕事がたんまり。そして土日は司会業の仕事。発狂しそうでした。

そんなときに、司会事務所の社長から、事務所のマネージャーの仕事をしないかと誘われました。条件は「平日週3～4日、1日4時間」という、ものすごい好条件。手取りは減りますが、息つく間もない日常からは抜け出せる。こんないい話はないと、「いただいたお話、ぜひやらせてください！」と申し出ました。

派遣の事務を半年間した後、晴れて平日は時短の仕事を手に入れた私。おまけにそこは司会事務所。平日に打ち合わせがあるときは堂々と行けるし（フルタイムで働いていると、平日打ち合わせ希望の新郎新婦の司会を受けるのは難しいのです）、現役司会者である社長や他の司会者の先輩にも可愛がっていただき、私は司会者としてもこの事務所でとても成長させてもらえました。

事務所はワンルームマンションのため社長の机がそばにあり、会社経営のことを間近で見られ、勉強になりました。私はパートタイムのような働き方でしたが、その枠を超えて司会提携先の新規営業に行ったり、東海地方一帯の結婚式場に新しい演出提案のDMを送ったりと、思いつくことをいろいろやらせてもらえました。

　そこでの経験はいま、こうやって一人で働いていることにとても役立っています。

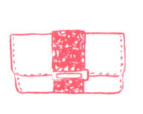

　さてさて、そのときのお金の話です。私はパートタイマー的なマネージャーの仕事で数万円と、徐々に安定してきた司会業の仕事で、だいたい東京のOLさんくらいの月給になり、ブライダルの繁忙期には平均的サラリーマンの月給くらいになっていました。

　でも、調子にのってしまった私たち夫婦は、マンションを買ったり、新車を買ったりと、分不相応な生活を始めてしまったのです。憧れの生活と、実際の家計事情に隔たりがあるのに、照準をなぜか理想寄りに合わせていたのです。

　住宅ローンにしても、払えないことはないのですが、自転車操業になります。なんとか払えるという感じ。どちらかが体をこわせば、絶対に払えなくなるギリギリの状態なのに、「まだ子どももいないし」と、気楽な毎日を送っていました。

そんななかで私は、

「どうやったらお金って増えるの？」

「金運って上がるの？」

「宝くじで３０００万円あてて、ローンを全額返済したい！」

そんなことばかり考えていました。

このころはお金を引き寄せる本、節約術の本、成功法則の本など、たくさん読んでいました。書いてあることは素直にすぐ実践するのですが、お金がすぐに入ってくることはありませんでした。だって私、そういう本を読んでいながら「お金がない」とガールズトークで話してばかりだったから。

ただ「お金が欲しい」というだけで、自分の「豊かさ」というものが、ちっともイメージできていなかったのです。それは、アクセルを踏みながら（本を読んで素直に実行しながら）、同時にブレーキを踏んでいる（お金が欲しいと口にする）状態。お金が増えないのは当たり前です。

また、本にはよく「お金はエネルギー」ということが書いてあったのですが、あのころの私にはまったく理解できませんでした。「お金はエネルギーって、電気と同じってこと？　どういう意味？」と、本にいつも疑問をなげかけていました。

しっかりとお金の本質を理解していなかったことも、きっとお金を引き寄せられない原因だったのだと思います。

それから私は、前々から大好きだったファッションを仕事にしたいと考え始めます。その経緯はこれまでの本に書いていますが、肌の色や体の骨格から似合う服を診断する資格の勉強をして、「ビューティリア」というパーソナルスタイリングサロンを始めることにしました。

こっそり貯めておいたへそくり30万円くらいを元手に始めた、起業ともいえないくらいの小さな小さなスタート。最初の有料メニューのお客様はパーソナルカラー診断を申し込んでくださった方でした。私の起業人生初めての売上は4000円。あの4000円をいただいた感激、いまでも忘れることはありません。

その4000円で、診断の仕方を教えてくださったスクールの先生に、「教えてくださったおかげで、お客様からお代をいただくことができました」と、心ばかりですがお礼にハンカチを贈りました。

これは私が昔からやっている習慣で、高校を卒業して就職したときには両親にお財布を、司会者としてデビューしたときには育ててくださった師匠にお礼を贈りました。

このお礼の習慣は、いまの私から見ても、「常に感謝する」「いただいたエネルギーを循環させる」という意味で、とてもいいことだと思います。「感謝」と「エネルギーの循環」については、あとで詳しくお話ししていきますね。

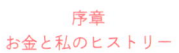

楽しいことでお金が得られると知った起業初期

私の好きなことは昔からファッションで、お給料全部を「おしゃれ」につぎ込んでいるくらいでした。「コンプレックスだらけの外見をどうしたら少しでもよく見せられるのか」、自分のエネルギーの大半をそれにかけていたのです。だから、パーソナルスタイリストとして大好きなファッションを仕事にできたことは、何ものにも代えがたい喜びでした。

最初は、すべてが見よう見まね。自分でお客様を集めるなんて未経験でしたから、SNS、異業種交流会や女性の集まり、昔の友達に「こんなことを始めたんだ」というメールを送るなど、見たこと聞いたこと、思いついたこと、すべてをやりました。

私は夢中でした。これまでの人生でいちばん集中していたでしょう。毎夜、遅くまでパソコンに向かう日々。どうしたらもっと申し込みが増えるのだろう、どうしたらブログの読者は増えるのだろう……と、試行錯誤の日々でした。でもそれがこの上なく楽しかったこと、いまでもよく覚えています。

本気でお金の問題と向き合った離婚後

起業して最初から収入が安定していたわけではもちろんありません。一人目のお客様から、本当に少しずつ少しずつ、申し込みが増えていきました。申し込みのメールが入るたびに、喜びのあまり叫んだり、ぴょんぴょん跳ねていた自分の姿が蘇ってきます。

最初の半年間くらいは、司会事務所のマネージャー業と司会業、そして起業したパーソナルスタイリストの3足のわらじでした。いや、主婦業も入れたら4足です。

マネージャーの仕事が終わって、夕方からスタイリストのお客様の予約を入れ、司会の仕事がない土日はできるだけスタイリストの仕事をするようにしていました。

その合間の時間、電車の通勤時間にまとめてブログを書き（あのころは、まだガラケーで書いていました）、夕食の片付けがすんだら、お客様にメールの返信をし、リーフレットをつくり、メニューや集客方法などを練り直すという毎日でした。

しばらくしてマネージャーの仕事はやめ、司会業とスタイリストでやっていくことにしました。いずれはスタイリスト一本でやることに決めていましたが、私のやりかたはフェードイン、フェードアウト。

まだスタイリストの仕事が安定しているわけではないのに、司会業を手放す勇気はありませんでした。だから、できるだけ早くスタイリストの仕事を軌道にのせて専念できるように、日々がんばっていました。

スタイリストの仕事を始めてから1年ほどたったころ、私は離婚しました。結婚しているときも、お金のことで相当悩んでいたのですが、やはり2人と1人では気持ちの面でも違います。私にとって初めての一人暮らし。そして初めての経済的自立でした。

そのときに、実家で母親とお金のことについて話し合いました。

「本当に一人でやっていけるの？ どこか会社に勤めなくて、家賃は大丈夫？」

母親は相当心配だったと思います。

私は母親の前で、月にいくら必要で、いくら稼がなくてはいけない……ということを書き出しました。

家賃が〇〇円、光熱費が〇〇円、食費、携帯代、洋服代、メイクのレッスンもしたりするからメイク用品代、交際費、異業種交流会参加費、集客のコンサル代……。

そこに「スタバ費〇〇円」と書いたら、「これ、削りなさいよ」と母。

「えー、これがなきゃ仕事している意味なーい。絶対いる！」と私。

こんなふうに現状と向き合い、とりあえずいまはギリギリ。スタイリストの集客だけでは限界なので、司会業の方も営業やＳＮＳでの集客も始めると自分に誓い、これから始まる一人生活を金銭面でも実感したのです。

そんななかで、少しずつリピーターのお客様も増え、収入も安定してきました。それでも、離婚後はそれまでの人生のどんなときよりも、稼ぐということが目の前に突きつけられ、先のことを考えるといつも不安でした。

毎月、お客様は来てくださっていたけれど、それは今月の話。来月はどうなるかわからない。だからこそ、できることは全部やり、夜中までパソコン作業をして、次のメニューを考えたり、ブログ記事を書いたり、配布用リーフレットをつくったりしました。止まると不安なので、その不安を打ち消すために、いつもなにかしら動いてたのだと思います。

それからまた1年ほどたって、ようやく少しずつ不安は薄れていきました。もちろんいまでも、先のことを考えると不安がゼロというわけではありません。ですが、あのとき、「この2年、自分で仕事をやってこられた」という自信が、少しずつ私の不安を和らげてくれていました。

起業したときも、結婚していたときも、いつもお金のことばかり考えて不安だった。お金が安定して入ってくる未来なんて考えられないくらい、絶望したことだってある。でも、いまの私は、毎日を楽しめるくらいのお金を手にできている。昔は買えなかったブランドバッグも、たまにだけど買えるようになった。

そのときに考えたのです。何時間も。

「それはなぜだろう？　あのころと何が違うのだろう？　お金ってなんだろう？」

そして、ある日ふっと気がつきました。

「お金はエネルギーだ」と。

昔読んだ本のどこかに書いてあった、その言葉が降ってきたのです。

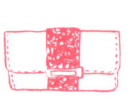

そうか「お金はエネルギー」だった！
そのとき初めて腑に落ちました。
私がそのときノートに書いた走り書きの絵も残っています。

私はお客様に、「きれいになってほしい」「もっと似合うものを身にまとって、毎日を楽しんでほしい」という愛のエネルギーで、サービスを提供する。その「愛のエネルギー」と、お客様は「お金というエネルギー」を交換しているということではないか。

私は、それまで提供してきた「お客様に、もっとおしゃれに、すてきになってほしいという愛のエネルギー」よりも、「お金というエネルギー」のほうが価値があると思っていた。だから、お金をもらうとき（そのときはいつもレッスン後に直接手渡しでもらっていました）、いつも申し訳ないと思い、いただくときに「すみません」と

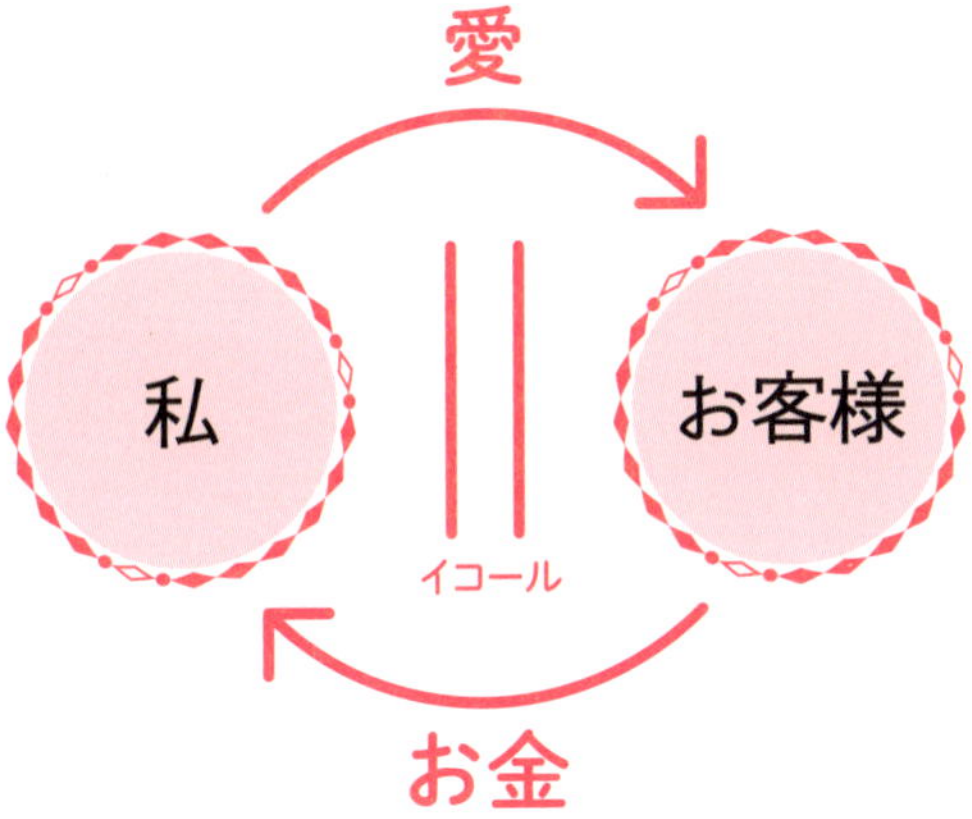

言っていたのだと。

なぜ、申し訳ないと思っていたかといえば、お客様が大変な思いをして稼いだお金だと思っていたから……。そして私自身もお金を払うとき、もったいないと思っていたから。

でも、違っていたのです。価値は同じなのです。

その同じ価値を交換していただけだったのです。

そのことに気がついてからは、驚くほど豊かな気持ちがあふれ出してきました。

第1章

お金の本質がわかると豊かさがあふれ出す

本気のエネルギーにお金はついてくる

「お金はエネルギー」――最初は半信半疑でしたが、体験によってそれを実感することになりました。このことを少しわかりやすくお話ししたいと思います。

みなさんは、1万円札が原価いくらでつくられているかご存知ですか？

1万円札という特別な紙。何も印刷されていない白い紙の状態だと、ためらうことなく破れるけれど、「一万円札」としての印刷がされているだけで、破ろうと思ってもなかなか手が動かなくなりますよね。

さぞかし、すごい印刷技術で魔法をかけているのか、印刷用紙に天然記念物ばりの希少な木を使っているのか……。

さて、いくらだと思いますか？　一万円札の制作料。答えは約12円だそうです。「えっ、たったの!?」と思いますよね。そう、たったの12円。普通よりも高級な紙に特殊な印刷がされているけど、「紙」であることに違いはありません。

でも、その紙に「1万円という価値」をのせている、それが1万円札です。あの紙に1万円分の労力や材料がかかっているというわけではなく、1万円分のエネルギーがのっかっているのです。

お金とは、そもそもが実態のない「エネルギー」なんです。目に見えているようでいて、じつは見えないものなのです。

自分の仕事の経験から、お金は他のエネルギー（私でいうと愛のエネルギー）と交換できるものなのだということがわかりました。ふり返ってみると、会社員のときなど、自分の「労力」というエネルギーを「お金」つまりお給料と交換していたということに気がつきます。

毎日、「今日も憂鬱だな……」と思いながら、朝早くから電車に乗って会社に行き、イヤイヤながらもエネルギーをそこに注いでいたのです。そのころはエネルギーを出し惜しみしていました。まわりも「同じお給料なら、たくさん働くと損」という雰囲気だったので、みんな自分の仕事を増やさないように工夫していました。

でも、好きなことを仕事にしてからの私は、働き惜しむどころか、仕事のことばかり考えるようになりました。ＯＬ時代とくらべて、明らかにそこにかけるエネルギー量が違いました。無理しているわけではありません。好きだから、ワクワクするから、自然とたくさんのエネルギーを出してしまうのです。

稼ぐために汗水たらして死ぬ物ぐるいで働けば、たくさんエネルギーを出していることになるので、その分お金はたくさん入ってくるでしょう。でも、その仕事内容がワクワク楽しいものであれば、つまりそのエネルギー量が同じであれば、ほかの仕事でも同じくらいのお金が入ってきます。

さらに、**楽しくてワクワクすることなら、やっていて疲れにくい。だから、もっとエネルギーを出したくなり、そうするともっともっと「お金」というエネルギーが自分になだれこんでくることになるのです。だから、「好き」を仕事にすると効率がいいのです。**

会社勤めでも同じです。イヤイヤ働いている人と、前向きにアイデアを出しながらイキイキ働いている人。きっと後者の人のほうが、テキパキ動いてエネルギーを出していますよね。

そんな2人がいたとして、どちらを出世させたいでしょうか。おそらく誰もが後者と答えるでしょう。エネルギーを出したほうが出世したり昇格したりして、その分お給料が上がる可能性がぐんと高まるのです。

私は、司会事務所でマネージャーの仕事をしているときは、月の固定給で働くパートの身分だったので、どんなにがんばっても昇給の見込みはありませんでした。でも、仕事には責任感をもってやっていたし、司会業の仕事がもっと円滑に、そして広がったらいいなと思っていたので、営業活動も積極的にやっていました。

そうしたら、会社の業績は少しずつ上がっていきました。パート代は上がりませんでしたが、あるとき社長が、私ともう一人のパート社員に、ハワイ旅行をプレゼントしてくれました。「いつもがんばってくれているので、ボーナスだよ」と。しかも飛行機はビジネスクラスで、海が見えるホテルというとても豪華な旅でした。

その分、お金でもらってもよかったのですが、そうしたらいつもと同じように、洋服を買って、ちょっといいレストランで食べるかして、残らなかったでしょう。でも、社長が用意してくれたおかげで、通常では経験できないことを先取りさせていただいて、「こんな世界があるんだ！」と自分の価値観を広げることができました。

自分がエネルギーを出していると、思わぬ形でお金が入ってくることがあるのです。

お金は出したエネルギーとの交換です

「お金をいただくことは、単なるエネルギーとの交換」――このことをまわりの人に伝えていたら、みんなの豊かさの基準もどんどん変わっていきました。

子どもの英会話教室を経営しているYさんも、お金をいただくことは「単なるエネルギーの交換なんだ」とわかると、お金をもらうことへの後ろめたさがなくなり、楽しみながらお客様に教育サービスを提供できるようになったそうです。

そうしたら、そのワクワクのエネルギーが生徒や親御さんたちを通じて多くの人に広がり、宣伝をしなくても向こうから、「子どもに受けさせたい」という声がたくさん寄せられるようになったというのです。

うしろめたさがなくなり、楽しいエネルギーで仕事をすると、お金をもらいながらも「ありがとう」と言ってもらえることが格段に増えたということです。

また、起業コンサルタントのAさんは、こんなふうに変化を教えてくれました。

「お金をいただくことは、他のエネルギーとの交換だということを知って、少し高めのセミナーを開き、本気のエネルギーで参加者のみなさんにパフォーマンスをしたら、2万5000円という高額にもかかわらず、『安すぎます！』と何人もの方から言っていただけました。自分もエネルギーを出せて、確実に受け取ってもらえたのだと思えた瞬間で、とってもうれしかったです」

あなたは、毎日のお仕事でどれくらいのエネルギーを出していますか？

いつも何気なくやっているルーチンの仕事も、楽しくなるように工夫して、本気のエネルギーで取り組むと、仕事自体がとても楽しいものだと再発見したり、まわりから認められて昇格したりと、思わぬミラクルがあるかもしれません。

ルーチンの仕事も自分プロデュースで楽しく

セミナーに参加された方から、「会社を辞めたいけれど、経済面でいますぐにはできません。どうしたら楽しくいまの仕事をできますか？」という質問を受けることがよくあります。いまの仕事に不満があっても、いろいろな事情で辞められないことってあると思います。

私はＯＬ時代、モチベーションが下がると、「すてきなＯＬになりきって仕事する」と決めて仕事をしていました。イメージとしては、雑誌によくある「ＯＬ○子の着回し30日間コーデ」です。あの企画、着回しているを見るのも楽しいのですが、いつもストーリー仕立てになっていて、「こんなＯＬ生活すてき！」というものばかり。それを自分が実践するのです。

電話を受けるときも、明るく爽やかにすてきＯＬ風。誰かにメモ書きを渡すときも、きれいな文字で書いてすてきＯＬ風。ランチに行くときも、おしゃれな場所を選んですてきＯＬ風……。**一挙一動を自分でプロデュースしていると楽しくなってきて、「ここはもっとこうしたほうが、楽しくなりそう」「こうやると、もっと効率がよくなるかもしれない」と、仕事のアイデアまで出てきます。**

このことを会社を辞めたかったはずのセミナー参加者の方々にお伝えすると、実践したあとに、「あれ？　この仕事楽しいかも……」と気づき、その会社でまだ働くことにしたという人が何人もいました。

同じ環境であっても、気持ちひとつで、毎日がどんどん楽しくなります。

もう一つ。私は会社勤めというのは、「お金をもらいながら学べるありがたい場所」

だと思っています。だから吸収できることは積極的に学ぶようにしています。

私はＯＬ時代、電話応対も、来客応対も、お茶の出し方も、小口の管理の仕方も、コピー機の使い方も、ファイリングのコツも……いろんなことを会社で学びました。いま、役立っていることばかりです。それをお金をもらいながら、しかも実践させてもらいながら学べる場所……ありがたい以外のなにものでもありません。

会社は究極の学びの場です。そうすると、「今日は何を学べるかな？　今日は○○を実践させてもらおう」と、ワクワクしながら出社して積極的に取り組めるので、エネルギーがたくさん出ます。

そういう思いでいると、会社に対してありがたいという気持ちが生まれ、恩返ししたいという気持ちが湧いてくるので、評価されることにもつながり、昇給、ボーナスアップにもつながるのです。

いつもの退屈なルーチンの仕事に、楽しくなる工夫を、ぜひ試してみてください。

出したエネルギーは必ず戻ってくる

仕事に関して言えば、「お金」は自分が出したエネルギーとの交換で入ってきます。でも、仕事以外となると、この限りではありません。たとえば、お金持ちの家に生まれた人は、自分がエネルギーを出さなくても、お金がある状態ですよね。

また完全に趣味のこと、たとえば好きなタレントのことを調べたりコンサートに行ったりしてエネルギーを出しても、直接お金という形で入ってくることはないでしょう。

自分の出すエネルギーと、入ってくるお金のエネルギーの循環にはマッチするところとそうでないところがあるので、出したすべてのエネルギーがお金として巡ってくるわけではありません。仕事でのエネルギーが、お金として入ってくることが多いのです。

では、仕事関連以外のエネルギーを出した場合は、どんなエネルギーが回ってくるのでしょうか。

たとえば、お母さんは子育てにエネルギーをかけても、直接的にお金のエネルギーとはつながりません。でも、お子さんがその愛のエネルギーですくすくと育つので、幸せも豊かさも自分に舞い込んできます。

エネルギーをかけたら、すべてがお金につながるということではないですが、それ相応の幸せや物質や、いろいろなエネルギーが自分に巡ってきます。

エネルギーは、幸せも愛も、物質も人間も、お金も、じつはすべて一緒です。ですから、どういう形で自分のもとにやってくるかは、そのときのお楽しみです！

自分にとってお金ってなんだろう?

あのころ、私にとってお金は「悩みのタネ」でした。お給料日にお金が入ってきても、それは束の間の潤い。すぐにまたなくなってしまう。そんな感覚で、いつもお給料日を待っていたような気がします。

いまのあなたにとって、「お金」とはなんですか?

「お金」と聞いて、ぱっと連想するものはなんですか?

「お金持ち」と聞くと、どんなイメージを持ちますか?

私は昔、お金持ちを「ずるい人」と思っていました。ろくなことをしないで儲けていると、心のどこかで思っていました。だから「貧乏=清い」という方程式ができ上がっていたのです。ドラマや少女漫画のなかで、主人公はいつも貧乏だけど、家族のために明るくがんばる、逆境に負けない少女。そして、その主人公をいじめるのは、だいたいお金持ちのお嬢様……。

そうやって幼いころから、お金持ちはいじわる、貧乏人は清らかというストーリーを刷り込まれていると、実際にはそんなことないのだけど、そういう気分になってくるので不思議です。

そして私は大人になり、お金持ちと呼ばれる人とも会う機会が持てるようになりました。いろいろな人を見て思うのは、人間性はお金のあるなしにはまったく関係ないということです。

お金を持っていて素晴らしい人もいるし、その反対ももちろん然り。いまのあなたの「お金」や「お金持ち」のイメージは、あなただけのものでしかなく、ほかの人から見たら真逆のイメージだったりします。

でも、自分ではそのイメージなわけですから、**自分にとっての「お金」や「お金持ち」は、そのイメージどおりの存在になっていきます**。お金のことを「あるのが当たり前」と思っている人はそのとおりになるし、「稼ぐのは難しいのに、簡単になくなるもの」と思っていればそのとおりになります。

お金持ちのことを「自分と同類」と思っている人はそのとおりになるし、「別世界の人」と思っている人もそのとおりになります。だとすれば、自分が「こうだといいな」というふうに、いますぐイメージを変えることが大切です。

お金を欲しいと思っているのに、「稼ぐのが難しい」「簡単になくなる」「手にするとろくなことがない」「お金が欲しいというと恥ずかしい」なんて思っていては、本末転倒もいいところです。

あなたはお金がどうだったらワクワクして幸せですか？　自分なりのイメージを決めましょう。

ワークタイム

自分にとって「お金」とはどんな存在か、
書き出してみましょう。

お金は幸せと交換できるチケットです

以前の私と同じように、お金に必要以上の価値を置いている方は多いでしょう。

私は数年前のあの日に、「お金はエネルギー」という走り書きの絵を描きながら、「私が提供していたサービスはお金と同等の価値なんだ！」と確信するまでは、自分の提供するサービスより、いただくお金のほうがずっと価値があると思い、お金をいただくことが申し訳ないとさえ感じていました。


でも、この勘違いこそが、お金を遠ざけていたことに気づきました。「お金に振り回される」とは、まさにこのこと。**お金は自分を幸せにする単なるツールなのです。**

私がそれに気がついたのは、電気料金のことを考えたときです。いつも「電気料金

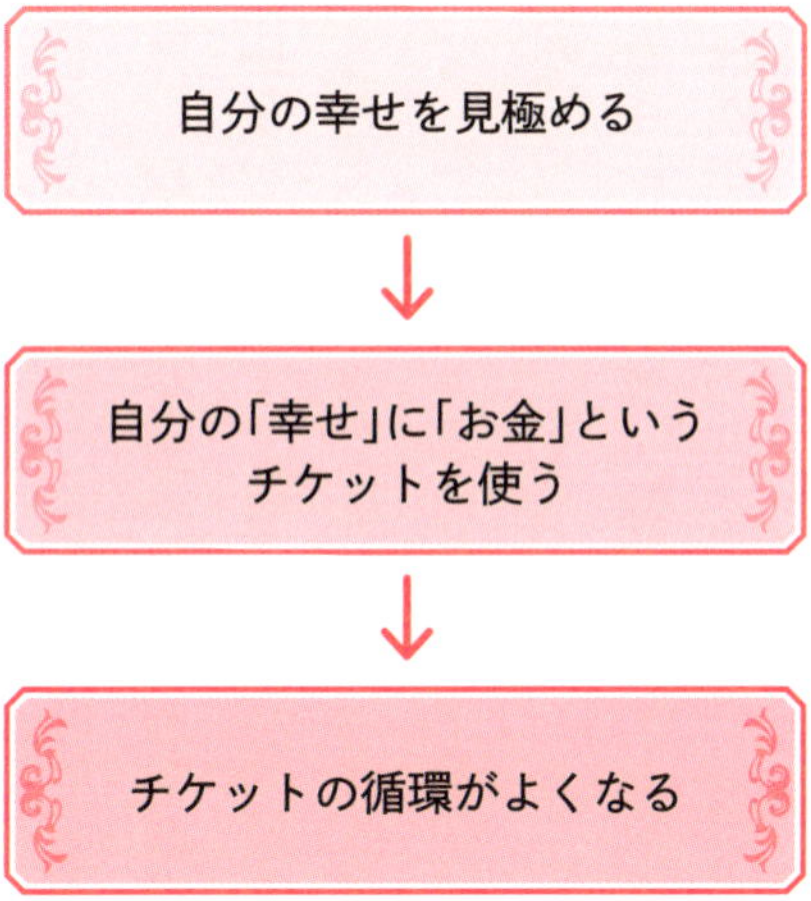
自分の幸せを見極める
自分の「幸せ」に「お金」という
チケットを使う
チケットの循環がよくなる

払うのって、もったいないな」と思っていたのが、電気がなかったら寒いし真っ暗闇だし、テレビも見られないし、携帯も充電できない、パソコンだって動かせない……。それって、ものすごく困る！

だから、もったいないのではなく、自分が欲しい「幸せ」を得るために、「お金というチケット」で交換しているのだ!!と。

せっかく「幸せ」と交換するのに「もったいない……」とネガティブな気持ちで交換するなんて、「幸せ」が半減です。

お金はいつも「自分が欲しい幸せ」と交換しています。昨日食べたおいしいごはんも、毎日帰る場所となってくれている家の家賃も、大切な人へのプレゼントさえ、喜ぶ顔を見ると自分が幸せだから交換しているのです。お金というチケットを自分の幸せのためにどう使うか……それをじっくり考えてみましょう。

「じゃあ、私はいつもお金と何を交換しているのだろう?」と、ここ3日間くらいに交換した(お金を払った)ものを思い出してみました。そうすると、「これは、もったいなかったな」と思うものが結構ありました。

たとえば、「安いから」「あったら使うかも」と、100円ショップで買った便利グッズ。いいかなと思ったのですが、それを使うこと自体が面倒くさくて、よく考えたらいらなかった。

安さにつられて「自分の幸せとの交換」ということを忘れ、小さな交換失敗をしていたのです。

交換に成功したことも考えてみました。たとえば、昨日オフィスまでタクシーを使ったのです。電車より高くついたけど、寒さをしのげたし、いい気分で職場まで行けて、その後の仕事も楽しくできたので交換成功でした。

そこで、まわりの人たちにも交換成功と交換失敗を聞いてみました。

○成功例１

さらっと入ったお店のすてきなワンピースに一目惚れ！　値段を聞いて「高いな」と諦めてお店を出たのですが、帰宅してもそのワンピースのことが頭から離れず、２カ月後にまたさらっと入ったら、まだあったので試着したら体にピッタリ！　これを着たら理想の私のステージに連れて行ってくれるだろうと、思い切って購入。

着ただけで気分が一新し、自分の次のステージをイメージできたのです。頭で考えていた漠然としたイメージではなく、実際に体験するとリアルに感じられてよかった。値は張りましたが、思い切って買って正解でした！

○成功例２

10年近く通っているお料理教室の受講料。パン、ケーキ、料理の３コースを完全制覇！　百万円くらいかかりましたが、そのおかげで自分が心から楽しいと思えることが発見できて、まわりの人たちからたくさんの「ありがとう」や「美味しかった」の言葉をいただき、幸せを感じています。

そしていま、これが仕事にもなり、毎日楽しくパンづくりができています！

◯成功例3

最近思い切って購入したＭａｃＢｏｏｋ。理想の自分に近づくためにと購入したのですが、予想以上のミラクルを起こしてくれています。まず、ｉＰｈｏｎｅで書いていたブログをパソコンで書けるようになり、見やすい画面をつくれるようになりました。また、私が自宅でＭａｃＢｏｏｋにうれしそうに向き合っている姿を見て、起業に反対だった主人が応援してくれるようになったんです。

ワクワクしながら、お金とＭａｃＢｏｏｋを交換したおかげでミラクルが起きて、大成功でした！

◯成功例4

昨年の結婚式。当初は式は挙げず、将来のために貯金しようと考えていました。しかし、主人と話し合いを重ね、両親やまわりの方に感謝の気持ちを伝えようと、挙式を決意しました。

すると各方面からお祝い金をもらい、費用をまかなえるほどになったのです。感謝のエネルギーを注いで結婚式の準備をしていたら、お金で返ってきたと実感しました。

◯成功例5

私と主人は不規則勤務のため、睡眠を重視していました。そこで、高価でしたがエアウィーブを購入したら睡眠の質がよくなり、規則正しく起きられるようになり、翌日の疲労感がほとんどなくなったので、よい投資だったと思っています。

×失敗例1

都内の割には安めのマンションを見つけて住んでいます。でも、やっぱり安いのには理由があって、日当たりが悪く、駅から遠いため気分が上がらず、体調を崩したり、家での作業がはかどらないなど、悪いループにハマってしまいました。

×失敗例2

本当はAというブランドのエプロンが欲しいけれど、値段が高いので似たようなBという安いものにしたのですが、結局気に入らなくなってAを買い直しました。

×失敗例3

遠方のセミナーに参加するため、新幹線代を惜しんで夜行バスに乗ったのですが、想像以上の疲労感と、時間の無駄遣いをしてしまったと反省。目先のお得感に目が眩んで、望んでいないものにお金を払うと、心身ともに損をすると実感しました。

×失敗例4

「好き！　これが着たい！」ではなく、「安いから」という理由で買った洋服たち。

結局一度も着ることなく、タンスのなかです。

もちろんはじめから成功ばかりとはいきません。

成功と失敗を繰り返しながら、自分にぴたり合った「交換」を選べるようになっていくのです。

私もたくさんの失敗をしました。

たとえば、私は自分の顔が大きいことがコンプレックスなので、「小顔エステ」に行くことが多いのですが、「もっと私の顔を小さくしてくれるサロンを」と日々探していました。そうしているなかで、すごく痛かったり、強すぎて顔が腫れてしまったり、「これは失敗だったな」と思うことがたくさんあります。

そうやって繰り返すうちに、広告を見ただけで「これは私に合わないな」「これは私の顔に合うマッサージの進化型かも！」というように、自分に合うものがなんとなくわかるようになってきました。

これは、「小顔になれたらうれしい」という自分の満たされポイントに合わせて交換しているので、失敗も情報になり、結果、幸せにつながります。

とにかく、こんなふうに交換成功と交換失敗を繰り返しながら、どんどんお金の交換上手になっていきましょう。

ワークタイム

ここ２週間をふり返って、
「あれは交換成功だったな」
「これは交換失敗だったな」と思うことを
書き出してみましょう

お金は幸せへの選択肢をくれるもの

「お金が増えたら、もっと幸せになれるのに」

「いま幸せじゃないのは、お金がないからだ」

この考え方が間違っているとは言いませんが、やはり、**「お金＝幸せ」にはならないと思います。**


お金が使いきれないくらいあって健康でも、自分が不幸だと思っている人を私は少なからず見てきたし、お金の大きなエネルギーに振り回されている人もたくさんいました。「お金は魔物」と言われるように、そうなってしまう人もいるということです。

ナポレオンは栄光も権力も富も手に入れましたが、「私の生涯で幸福な日々は6日しかなかった」と言ったそうです。**成功も、たくさんのお金も、自分が本当に満たされる形で実現しなければ、幸せにはつながりません。だからこそ、自分の成功の基準、豊かさの基準をしっかりと持っていることが大事です。**

それを考えないで、「誰かよりも成功したい」「誰かよりも豊かになりたい」と、他人との比較の上で成功やお金を求めると、本当の幸せを感じることは難しくなります。

お金はエネルギーです。だから、自分の器以上のエネルギーはうまく扱えません。

宝くじなどで期せずして大金が入ってくると、体調を崩したり破産したりするという話を聞きますよね。それは、自分の器以上のお金というエネルギーがいきなり入って対応できなくなるからです。

だからと言って「やっぱり、お金じゃないよね」「お金、お金なんていうの、やめよーよ」というのも、私は違うと思います。

お金というものは、選択肢を増やしてくれるものです。たとえば、

・多くの場所に行く選択肢を増やしてくれます。
・たくさんのものを買う選択肢を増やしてくれます。
・様々な学びの選択肢をくれます。

お金は幸せをくれるわけではありませんが、選択肢をくれます。選択肢をくれるだけなので、そこから選ぶのは自分です。

多くの選択肢のなかから、自分がいちばん満たされる、自分にいちばん価値のあるものを選択する力、自由と豊かさのなかで生きていくには「選択力」が大事になります。自分は何が欲しいのか。抜群のタイミングでそれをジャッジできるように、日頃から選択力を磨いていたいと私はいつも思っています。

「自由になる」「豊かになる」というのは、選択する幅が広がるということ。そのたくさんの選択肢のなかから自分の手で選びます。責任を持って。それが可愛いお金持ちの、しなやかな強さの見せどころです。

豊かさとは「自分で選べる」という自由

私にとっての「豊かさ」とは、「自由」です。自分の人生を自由に選べること。やりたいことをやれ、行きたいところに行け、したいときにしたいことができること。

「そうしなければならなかった」「それしか選べなかった」のではなく、「多くの選択肢から自分がこれを選んだのだ」と、いつも思っていたいのです。「しょうがないから、これを選んだ」と思っていると、ちっとも自分の人生を生きている気分になれません。

私は「可愛いままで起業できる！」をコンセプトに、女性の新しい生き方・働き方を提案することを仕事としていますが、もちろん会社員で働くこともすてきだと思っています。

「それしか選択肢がないから、しょうがないから選んだ」のではなく、多くの選択肢を知った上で、そのなかから「私は会社員という働き方を選んだ」と納得して選んだ方が、人生も働く事も断然楽しくなると思うのです。

この世の中に、「こっちの選択のほうが絶対にいい」ということは、きっと一つもありません。すべてにおいて、いい面もあれば悪い面もあります。それを自分がしっかりと知り、納得して選べる。そんな世の中にしたくて、「こんな選択肢もありますよ」と新しい働き方、生き方を多くの方にお伝えできたらと思っています。

お金というエネルギーも選択肢をくれますが、情報や学びを得るというようなエネルギーもたくさんの選択肢をくれます。私も本を読んだり、人の話を聞いたりたくさんしますが、それは多くの選択肢を得るためです。

「豊かさ」を感じたいのなら、選択肢を増やすことをおすすめします。それはお金だけがもたらしてくれるものではありません。いますぐ情報や学びを増やし、選択肢を広げてみてください。それがあなたの豊かさのエネルギーとなっていくのです。

お金を持つことが本当の豊かさではない

私の友人で、現地の方と結婚し、ハワイに住んでいるMさんという専業主婦がいます。彼女は趣味でアクセサリーをつくり、ハワイの小さなお店に置いてもらっていますが、基本的には専業主婦ですから、毎日、大好きな家にいるそうです。

彼女は笑って、「私が働いていないから、主人の稼ぎだけで、本当にカツカツだよー」と話してくれます。

大工さんの旦那さんはクルマや自転車が趣味で、その改造にお給料のほとんどを使ってしまうこともあるそうです。

普通の奥さんだったら、そんな旦那さんにイヤ気がさしそうですが、彼女は笑って、

「死ぬわけじゃないしねー、しょうがないよねー」と言います。

そんな明るい彼女には、日本からハワイに遊びにくる友人がたくさんいて、私もその一人ですが、毎週のように迎え入れることもあるそうです。

そういったことをSNSにあげたりしていると、「専業主婦で、いつも美味しいものを食べているセレブだと思われている」と彼女は教えてくれました。「本当はこんなにカツカツなのにねー」と笑って。


たしかに、彼女はお金に困っているようには見えません。お金があってもなくても、その人の振る舞いや明るさ、そして気持ちの持ちようで豊かさは決まるし、誰からも「この人、豊かだな」と思われるのだと、Mさんを見て私は思いました。

彼女は兼業主婦の人から、「いいよねー、専業主婦でいられて」と言われることがあるそうです。そんなとき、「だったら仕事やめればいいのに！」と心から思うそうです。

彼女は昔はフルタイムで働いていて、そのときも彼が趣味にお金を使ってしまうので、いつも貯金通帳は空っぽでした。それなのに仕事を辞めて、旦那さんのお給料だけで生活していくと覚悟したのだそうです。

無理して働いて使える分を少し増やすより、本当に自分がしたいこと、専業主婦で旦那さんを応援して、最高のサポーターになることに専念したほうがハッピーだからと言います。

仕事をしていたときは、自分の稼いだお金を彼の趣味に使われることが不満で、悶々としていたけれど、仕事を辞めたら、彼が稼いできたお金を彼がどう使おうと、笑っていられるようになった。心から彼を「すごい！　がんばれ！」と応援できるようになったと教えてくれました。そして最近、Mさんの応援エネルギー、彼を信じるエネルギーが伝わって、彼は昇進し、お給料も増えたそうです。

お金がどれだけあったら豊かになるかではなく、いま自分が豊かであることがとても大事なのです。

対照的な話ですが、私の知人で、お父様から多額の財産を譲り受けた、ものすごく裕福な方がいます。一般人からすると驚くような額で、私ではおそらく一生かかっても使い切れないでしょう。

そんな、はたから見ると豊かなその方は、自分はまったく贅沢しないし、家族も倹約志向。それ自体はとてもいいことだと思うのですが、「財産を守らなければ！　次の世代に残さなければ！」という思いがプレッシャーになり、うつ病になってしまいました。物質的な豊かさが目の前にあったとしても、それを自分が味わわなければ、ないのと同じなのです。

大切なのは、いますぐに豊かになること。いまの豊かさにフォーカスして、それを心から味わうこと。物質的な豊かさは、本当の意味での豊かさを与えてくれるわけではありません。そのことをわかって、ちゃんと味わえる自分になったとき、精神的にも物質的にもバランスのとれた豊かな人になれるのだと思います。

お金が減るのではなく幸せが増える

お金を使うときに「もったいない……」という感覚になる方は多いと思います。私も長い間そうでした。

でもね、**本当にもったいないのは、交換するお金よりも低い価値のものと交換したときなんです。**お金と何かを交換したということは、自分が欲しいもの、味わいたいもの、身を置きたい場所、すてきな時間などに交換できたわけだから「幸せが増えた」ということなのです。

お金って、幸せになるために使うものです。

可愛い洋服を着たいから、美味しいものを食べたいから、楽しい思い出をつくる旅に出たいから……

だから、お金を使うのです。

プレゼントしたり、ご馳走したりするのだってそうです。大切な誰かが喜んでくれることが自分の幸せだから、お金を使う。

そう、お金を使うと「自分の幸せが増えていく」のです。

第2章

お金を上手に使うと心も財布も満たされる

ものの価値を考えてお買い物上手に！

前項でお金との交換の「成功」「失敗」を考えましたが、どうでしたか？　いくら安く買っても、使わなかったり、まずくて食べ残したり、着ることなくクローゼットにしまっていたりしたら、それは失敗なのです。

そう、**安いものを買うのが得なのではなく、自分が価値を感じるものを買うことが得なのです**。一般的には、「安く買うこと」がお買い物上手と思われがちですが、ちょっと違います。自分が本当に価値を感じるものを買うことが、お買い物上手なのです。

ということは、**「お買い物上手」になるには、「自分が価値を感じるもの」をきちんとわかっていなければなりません。**

私のセミナーを受けてくださったHさんは、この「安いものを買うことが得なのではない」ということを知って、すぐに実践したことを教えてくれました。

――半年前くらいに佳実さんのインスタグラムで、ペリーコという靴のブランドを知り、昨日初めてペリーコのパンプスを買いました。当時の私のノートには、ペリーコとメモされています。その「ペリーコを買うまでのストーリー」を紹介させてください。

そろそろ靴をもう1足買い足すつもりでいましたが、ペリーコは高いのでなかなか買えなくて。それが最近、理想の自分を想像したとき、クライアントさんに会うときにペリーコを履いているイメージが広がり、クライアントさんに心の豊かさも伝えていきたいとも思うようになりました。

「やっぱりペリーコ買いたい。決めた！　買う！」と思っていたところ、しまってあってすっかり忘れていた3万円が出てきました。そして、ペリーコのショップへ。でも、いざ買うときになったら、いつも買っているダイアナだったら、ペリーコ1足分で2足買えるんだよなと思えてきてしまったんです。

そこで自分に問いかけてみました。「私は本当はどうしたいの？　どうしてダイアナで2足買えるっていう思いが出てきたの？」と。答えは、「同じ値段で2足買えたほうがお得な気がしたから」でした。

でも、気に入ったダイアナの靴を1足を買うのはオッケーだけど、価格の損得で考えた2足なんて、理想とする自分は欲しがらない。そういうお金の使い方はしないって決めたんだった。そんなエネルギーの交換をしてどうするの？

そして無事、お気に入りのペリーコのパンプスが買えました。履くたびにワクワク、優雅な気持ちになり、仕事もさらに楽しくなっています――

損得で考えるのではなく、本当に自分が価値を感じるものとお金を交換する。それには、「自分が価値を感じるモノ・コト」をはっきりさせておくことが大事です。

今日からのお買い物は、ぜひ価格の高低の前に、自分が本当に価値を感じるものとの交換ということを頭に置いてみてください。

自分への投資がお金を運んでくれる

「自分に投資しましょう」というフレーズは、よく聞きますよね。ただお金を使わないように節約することがお金を増やす方法ではなく、お金と交換した先の何かが、さらなるお金を生んでくれるという考え方が、お金持ち思考にしてくれます。

昔は私も、節約したらお金は貯まるので、それが増えることと同じように考えていました。そういう考え方もありますが、節約で増えるお金には限界があります。たとえば毎月のお給料など決まった金額のなかから、ある一定額を毎月貯金する。それも、もちろん大事なことです。

では、「お金が増えることにお金を使う」とは、どういうことでしょう。豊かな人は、この考え方と実践がものすごくうまいのです。それが**「投資」です。投資が上手にできるようになると、お金はどんどん増えていきます。**

何も、株や不動産をいますぐ買いましょうと言っているのではありません。可愛いお金持ちらしく、自分のできることから少しずつ小さな投資を始めてみましょう。

私は一昨年、6年ぶりにハワイを訪れてから、その空気感に魅せられ定期的に足を運ぶようになりました。そのときにスッタフや仲のよい友人を誘うのですが、みんな最初は、「ハワイなんて行けるかなー、お金がもったいないかなー」「まとまった休みは取れるかなー」と悩みます。私も6年間、「また行きたい」と思いながら、なかなか実現しなかったので、その気持ちは痛いほどよくわかります。

そのなかで、うちのスタッフの話です。「ここは清水の舞台から飛び降ります」と言って、ビジネスクラスの飛行機とちょっと高級なホテルを予約して、一緒にハワイに来てくれたことがありました。

そして、楽しく充実した時間を過ごした彼女は、「また近いうちにハワイに来る！」と宣言しました。その後、仕事へのモチベーションが上がり、もともと好きな仕事でしたので楽しくやっていましたが、さらにパワーアップして、売上も人気も上がりました。

最近も、別の友人に声をかけたときに、「どうしようかなー」と言うので、「ハワイは高いと思いがちだけど、調べてみるとかなり安く行けたりするよ」と、その場でパパッと調べてあげると、「これなら行けそう！」と急遽行くことが決まったのです。あとで「こんなに楽しいんだね。本当に行ってよかった」と感謝されました。それ以降、やる気が上がり、楽しく仕事に向きあっているからでしょう、いい仕事がたくさん舞い込むようになったそうです。

そうやって、**自分の気持ちが上がることや、本を買ったり、学んだり、情報を得ることに投資することは、普通にお金を使うよりも意味のあることだと、つくづく思い**

ます。

貯金しているだけでは、そのお金は物価が上がるたびに目減りするだけで、増えることはほとんどありません（ほぼゼロ金利ですから）。

でも、お金を「幸せと交換できるチケット」として、価値が上がるもの、価値が膨らむものと交換することで、何倍にもなって返ってくることがあるのです。

銀行口座にずっと置いてあるだけの貯金があるなら、それを使って、たまには行ったことのない場所に足を運んでみたり、見たことのないものに触れてみたり、読んだのことない本を読んでその世界に入り込んでみたりと、モチベーションが上がり知識が増えるものに使ってみてください。

それが何倍にもなって自分に返ってくるというのは、珍しいことじゃありませんよ。

ワークタイム

いますぐ自分ができる小さな投資を
考えてみよう！

お金持ちの話を自分の世界にする

「お金持ちになりたかったら、お金持ちのなかに身を置くといい」と聞いたことがありますよね。その環境に自分が順応していくからです。その時に大事なのは、そこに身を置いたとき、**お金持ちの人の話を別世界のものとして聞いているのではなく、自分もかかわる世界として、そういった会話に参加することです。**

たとえば、友人になった人がフェラーリに乗っているとします。フェラーリは何千万円もするので、「そんなマンションが買えそうな高価なクルマを買うなんて……」と心のなかで否定したり、「別世界の話だなぁ」と会話にのらないでいると、一緒にいても得るものがなく終わってしまいます。

だったら、どうしたらいいのか？　それは、お金持ちが話す大きなお金の話であっ

ても、自分の世界のものとして会話するのです。たとえば、

「新しいフェラーリに乗り換えようと思っているんだ」

と言われたら、

「どんなのですか？　写真を見せてください。かっこいいですね。やっぱりいいですね、フェラーリ。納車されたらぜひ、乗せてください！」

というように、その話をどんどん自分の世界のものにして、ワクワク会話していきます。

そうすることで、フェラーリの値段を聞いたときに、「そんな高いものを⁉」と思っていたことが、なんだか普通のような気がしてきて、自分の基準がどんどん変わっていきます。

こうやって自分の世界の感覚を変えていくと、実際に自分がそのクルマや高級なものを買っているわけではなくても、豊かな気持ちを味わえたり、いつの間にか自分の収入が上がったりと、お金持ちの気分に近づいていきます。

よく、「自分のまわりにいる10人の平均年収が自分の年収」といいますが、近くにいる人なので、仲のいい友達ということになりますよね。お金持ちの人といても、会話のスケールが大きすぎて腰が引けてしまい、会話に入っていけないのが普通かもしれませんが、その感覚から抜け出さないと、会話がはずむことはなく、その方もあなたと親しい友人になりたいとは思わないでしょう。いつまでも「お金持ち」は遠い人です。

ですから、**スケールの大きい話であっても、自分の世界のものとして楽しく会話すること**で、すぐに豊かな方との友人関係も深まり、「近くの人」になることができ、自分もその方と同じようなエネルギーの状態になっていくことができるのです。

お金を価値あるものに交換する

多くの人が勘違いしていますが、価値はお金自体にあるのではなく、お金と交換した先にあるのです。お金は何かに交換しなければ、ただの紙切れです。あれば安心感はありますが、食べられないし、体を温めてもくれません。

「自分が価値を感じるもの」に交換したとき、初めて自分を「幸せ」にしてくれるのです。お金を価値あるものに使えないでいたら、ちっとも幸せになれません。

お金持ちは貯金もしますが、それ以上に株や不動産などに投資している印象はありませんか？　以前の私は「投資なんて危ない！」と思っていました。でも、現金でお金を持っていると、お金の価値は上がるどころか、基本的には下がっていきます。

いまと50年前の1万円では価値が全然違いますよね。キャッシュというのは、景気によって価値がどんどん動いていき、ものすごく下がることもあるのです。

そうならないためにも、お金持ちはお金を「価値を生むもの」に換えていきます。上手に投資すれば資産価値は上がり、価値がどんどん上がっていく可能性があるからです。そう、お金の価値を増やせるものに交換するのが上級者なのです！

お金を同等以上の価値のものに交換するという上級テクニックは、ほかにもあります。何かを学ぶのもその一つ。たとえば100万円で何かを学び、得たことを生かしてそれ以上の豊かな気持ちを手に入れたり、ビジネスを始めて実際にお金を稼いだとしたら、それは交換した以上の価値になります。

「自分が価値を感じるもの」「自分を満たしてくれるもの」と交換するように心がけ、それに慣れてきたら上級テクニックとして、価値をさらに増やしてくれるものに投資するようにしていきましょう。

自分が価値を感じるものを見極めて交換していく。ときには失敗もしながら、一つひとつを大切に。そうすると、「お金というチケット」と「幸せ」との交換がとてもうまくなっていきます。

豊かな人ほど、この「交換力」がとても高いのです。みなさんは「お金持ちほどケチ」と聞いたことはありませんか？　私もお金持ちを近くで見ていて、そういうところもあるなと思います。

お金持ちの人は、自分が何に価値を感じ、何に価値を感じていないのか、とてもよくわかっています。だから、価値を感じることにはドーンとお金を使いますが、価値を感じないことには、普通の人以上に使わないのです。

この考え方を、ぜひ私たちも日頃から日常生活で取り入れてみるといいですね。**自分が価値を感じるもの、幸せを感じることとの「豊かさの基準」をしっかりと決めておきましょう。それを満たしていくと、自分の「幸せ度」もどんどん上がっていきます。**

理想とする自分の豊かさを決めよう

あなたの理想の豊かさとは、どんなものですか？　ついつい「年収1000万円以上」とか、「貯蓄3000万円以上」とか、金額的なことばかりを考えがちですが、金額という数字を決めるだけだと、理想の実現が少し遠ざかってしまいます。

なぜかというと、金額では豊かさを具体的にイメージしにくいから。**年収1000万円はどんな状態なのかを、具体的に細かいところまでイメージできると、それはもっとかないやすくなります。**

私がこの理想を初めて考えたのは、離婚して一人暮らしのときでした。なので、将来のパートナーと一緒に住んでいることを組み込んでイメージしました。

・都会のマンションの最上階の部屋に大好きなパートナーと住んでいる。
・洋服は仕立てのよいワンピース、バッグはセリーヌを持っている。
・自宅やカフェで楽しく仕事をしている。
・大好きな人たちに囲まれて、好きなときに好きなことをしている。
・なんでも話せて気楽に集まれる友人に囲まれていて、旅行にも一緒に行っている。
・海外旅行には年3回行っている。

というように具体的に書き出しました。高級なものがとにかく欲しいというよりは、好きなことを自由にしていたい。そして、欲しいものを我慢せずに買えるようになりたいというビジョンでしたので、これをかなえるためには「年収1200万円あったら最高！」と、金額のビジョンもつくりました。

では、みなさんの求める理想の豊かさを、ここでイメージしてみてください。

・どんな部屋に住んでいる？　・どんな友人を持っている？
・どんな地域に暮らしている？　・どんな毎日を送っている？

・どんな洋服を着ている？　・休暇はどう過ごしている？
・どんな仕事をしている？　・日々どんなことを考えて過ごしている？

理想の豊かさを手にして暮らしているあなたを具体的にイメージしてみるのです。イメージができ上がったら、その生活には一体、年収がいくら必要なのかを考えてみましょう。そうすると、理想の豊かさがあなたのなかで、より明確になり、どんどんかないやすくなっていきます。

このイメージに遠慮はいりません。年収も遠慮することはないのです。だって自由に書くだけなんです。誰も見ていませんよ。セミナーでこのワークをすると、「年収3億円！」と書く人もいます。

いまの自分の枠にとらわれず「こうなったら最高！」という、心からワクワクするシーンをイメージしてみてください。

ワークタイム

あなたの理想の豊かさを考えてみよう。
それには年収いくら必要ですか？

何事も理想の自分になって判断する

さて、理想の豊かさをワクワクしながらイメージしていただけましたか？　私はこうやって理想の未来をイメージするのが大好きで、ことあるごとにやっていました。一度ではなく、ぜひ何度もやってみてください。

そして、**イメージを書き出したら、今日からそのあなたになりきって生活してみてください**。理想の豊かさを生きている自分がしているファッション、髪型、しぐさ、言葉遣い、歩き方、立ち居振る舞い、食事の食べ方、お金の使い方・払い方、人との接し方、本の読み方……など細かく書き出して、そんな自分になりきるのです。

「理想の自分はお部屋にお花を飾るだろうな」と思ったら、少しずつでも花を買って飾るとか、「毎日きれいな部屋で生活しているだろうな」と思ったら、お掃除に力を入れてみるとか、なんでもいいのです。

どんなところに身を置いて、どんな自分で生活しているのか。**「お金がないからできない」ではなく、「お金がなくてもできること」から、ひとつずつ始めていきましょう。**

お買い物をするときも、理想の豊かさを味わっている自分を基準にして判断すると、とてもやりやすいと思います。それは自ずと、「自分が価値を感じるもの」にお金を交換していることになるからです。

理想の豊かさは、自分が満たされた状態なので、「そのときの自分だったら買うかな？　どうかな？」と考えて購入を決めると、自然に自分が満たされていきます。

一章でもお伝えしたように、他人の物差しや、相手が決めたお値打ち価格にお得感を感じて購入することばかりを繰り返していると、どれだけたっても心が満たされることがなく、「もっと満たされたい」と物欲が止まらなくなるのです。満たされていないから満たしたい……という悪循環が生まれ、それが散財につながっていきます。

だからこそ、どうしたら自分が満たされるかを先に考え、その満たされた環境に身を置く自分なら何を選び、お金と交換していくのかを考えて購入していきましょう。そうすると、自分を満たしてくれるものを増やすことができ、衝動買いや買い物の失敗を減らしていくことができるのです。

買おうかどうか迷ったときは、「理想の私なら、本当にこれを買うかな？」と心に聞いてみる。自分を満たしてくれる最良の答えは、自分の心が知っているからです。

「好きエネルギー」をお金に換える

自分のエネルギーを、「お金」というエネルギーに変えたいなら、その循環がマッチするところを探すのが大事です。**エネルギーをすんなり、どんどん出せて、お金として入ってくる「マイキャッシュフロー」を見つけるのです。**

その見つけ方にはいろいろありますが、例を3つほど紹介します。

1つ目は、「自分の子育ては楽しかった、子育てをしていると自分のなかでエネルギーが自然に出るなあ」と感じているなら、ほかの家庭のお子さんを預かるベビーシッターを仕事にしてみる。そうすると、お金というエネルギーが入ってくるようになるのです。

幼児教育の講師や子育て相談のカウンセラー、ベビーマッサージ教室の主催など、考えればたくさんのマイキャッシュフロー候補が出てくるでしょう。

2つ目は、昔から英語の勉強が好きで、留学経験もあるのであれば、英語を仕事にする方は多いと思います。翻訳家や、海外事業部などがある会社での仕事を選べるでしょう。

私のセミナーを受けてくださる方にも、英語を使って起業される方がたくさんいらっしゃいますが、普通の英会話教室ではあまり教えてくれない、海外旅行で使える実践的な英会話に特化して教えたり、忙しい人向けにスカイプでレッスンするのもいいと思います。

3つ目は、「今まで彼氏がいなかったことがない」というような恋愛上手さんは、その方法をまわりの人に教えることを仕事にしてもいいかもしれません。

自分が恋愛するときに心がけてきたことや、パートナーとの間で大切にしてきたことなどは、聞きたい人がたくさんいると思います。また、恋愛が得意で、しかもお世話することが好きな方は、婚活パーティーを開いたり、お見合いの仲介の仕事も楽しくやれるでしょう。

私も、以前は自分がお買い物依存症かと疑うくらい買い物が好き、洋服が好きだったので、パーソナルスタイリストの仕事を始めました。自分の好きなことだから夢中になれたし、お客様との同行ショッピングもとても楽しくできました。

自分の「好き」のエネルギーを仕事にマッチングさせると、その「好き」が、サービスを提供する人の「幸せ」になり、「幸せ」になる人が増えれば増えるほど、自分も「豊か」になっていく……。そんな循環のなかに身を置くことができます。

好きで楽しいことはお金になる

いま私が「もっとお金を稼ぐにはどうしたらいい？」と自分に問いかけたら、「もっと楽しいことしなきゃ！」と答えるでしょう。

私は好きなことを仕事にしているので、仕事はものすごく楽しいのです。大変なことやイヤなこともありますが、それって恋人同士でもそうですよね。いくら大好きな人でも、イヤなところもあるし、付き合っていて大変なこともある。でも、大好きだから許せる。好きだからマイナスのところも許容範囲内なのです。

好きな仕事でもイヤだなと思うことは出てくるけど、それは許容範囲内。そこを我慢ではなく、おおらかに受け入れないと、恋人と同じように、好きな仕事も離れていってしまいます。

さて、仕事を精力的にたくさんしていると、お金がたくさん入ってくる可能性が高まります。遊びにも通じるような仕事だとしたら、精力的に遊んでいるだけでお金が入ってくるということです。

そういうことのほうが、驚くほど大きなエネルギーが出ます。人は好きなことだと、自分では考えられないような努力や働きができたりするのです。

たとえば、大人数がいるアイドルグループのメンバーの名前って、一般の人は有名な誰かしか覚えていないけど、ファンだと全員の名前を覚えているし、凄い人は性格やあだ名、出身地や家族構成まで知っていたりしますよね。「好き」だと抜群の記憶力とか、とんでもない行動力を発揮してくれるのです。

大変なことをしないとお金が稼げないというのは、単なる思い込みです。本当は、楽しいことをしてお金はちゃんと稼げます。「私は楽しいことをしてお金を稼げる存在」と決めさえすればいいのです。

「好き」が、仕事も幸せも運んでくる

「好きと得意、そしてニーズを掛け合わせるといい」と言うと、「好きな仕事をするって、どうやって？　それってお金になるの？」と思いますよね。その気持ち、すごくわかります。

「好き」を仕事にしている人は、歌手やスポーツ選手など、特別な才能がある一握りの人と思いがちです。私もそう思っていました。でも、高卒で手取り15万円の普通のOLだった私が、いまこうやって「好き」を仕事にして暮らせています。

だから、「好き」を仕事にすることは、誰にでもできることだと、私は自信をもって言えるのです。

まずは「好き」を見つける。これは、私の本やブログ、セミナーでいつも言っていることです。それには「好き」に敏感になることが大事です。１章でもお話した「お金は幸せと交換するチケット」の、お金と幸せとの交換作業の話にも通じます。

「お金」と「幸せ」を上手に交換するには、自分の「幸せ」をわかっていなければいけません。自分に価値のあるもの、自分の「好き」と「嫌い」を日頃からきちんと把握していないと、自分の幸せすら、まわりや世間が「いい・悪い」「損・得」と言っている他人の判断基準になってしまい、自分が何に価値を感じているのがわからなくなってしまうのです。

このときの「好き」ですが、みなさんよく「好き」はとっても特別なもので、絶対に飽きることがなく、まわりの人と比べても、自分がいちばん好きと思えるもの……と思われていますが、違います。**「好き」はもっと身近で、単純なものです。**

「好き」は特別なものではなく、私でいえば、パソコンが好き、おしゃれが好き、犬と猫でいえば犬が好き、紅茶が好き、家のソファーが好き、寝ることが好き……こんな感じです。そして飽きずにいられるものでもなく、好きな人と同じでどんなに好きでも、ある日、飽きてしまうこともあります。

私は、「大好き」から始めたパーソナルスタイリストの仕事が、あるとき「そんなに好きじゃないかも……」と気がついてしまい、結局いまは違う仕事をしています。

だから、いまのあなたの「好き」と「嫌い」をもっと気楽に考えて、書き出してみてください。あなたのまわりは好きなもので囲まれていることに気づけるはずです。

そして、しばらくしたらまた書き出してみてください。どこかの時点で、「好き」の内容が少しずつ変化していることに気づくでしょう。それが自然なのです。

いつもいまの「好き」を大切に、価値を交換するときの基準にしてみてください。

節約するよりそれ以上稼げばいい

私は「節約」することが苦手でした。何度も挑戦したけれど、私にとって節約は我慢の上に成り立つものだったから、ちっともうまくできなかったのです。

私は節約の本を何冊か、目を通したことがあります。読んでいる間は、うまく行きそうで、とても楽しそうな気がします。だから、きっと節約を楽しんでできる方もいるでしょう。

でも、ダイエットと似ていると思うのですが、がんばれる人はがんばれるし、そうでない人もいます。私は節約に関しては、どう考えても後者でした。

そんな私がどのように考えたかというと、節約、すなわちお金を使わずにやりくりするよりも、自分が使う分より多く稼ごうと思ったのです。

節約は苦手でしたが、お金を使うことは上手だったので（笑）、もう覚悟を決め、節約に挑戦することを諦めて、使いたい分以上のお金を稼ぐことにしたのです。


この選択をしてわかったのは、私にとっては「節約」よりも「稼ぐ」ことのほうが性に合っているし、何より楽しんでできるということでした。

「節約することが正しいんだ」なんて言われ続けると、それができない自分がダメな人間に思えるし、それをしないとお金がたまらない気がしていました。でも、そんなことはありません。別の方法を考えればいいのだと、今の私なら堂々と言えます。

「節約すること」も「稼ぐこと」も嫌いだという人もいるでしょう。それなら「お金持ちと結婚する！」と覚悟を決めたっていいのかもしれません。方法は決まっていません。**大切なのは、できないから諦めるのではなく、できる方法を考えることです。**

これが「可愛いお金持ち」の流儀です♡

感謝の伴う支払いは幸せを運んでくれる

パートナーとテレビ番組でスーパーマーケットの社長の特集を見ているときでした。彼が「スーパーって、僕たちが必要なものを買いやすいように、こうやってたくさん仕入れて、選ばせてくれて、本当に頭が下がるね。ありがたいよね〜」と言ったのです。私は、本当にそうだなと納得しました。

私が店員だったころ、「こっちはお客なんだぞ」という偉そうな態度のお客さんには、いやな気分にさせられました。ですから、自分がお客になって買い物をするときは、店員さんに丁寧な態度をとるように心がけました。というより、人間としてそうありたいという気持ちでした。

それが彼の一言を聞いて、お客さんとしての気持ちがもう一つ上を行くようになったのです。リスクを負って商品を仕入れて、それをきれいに並べ、自由に選べる場をつくってくれていること。悩んだときに相談にのってくれるスタッフの方がいてくれること。どのお店に入っても「感謝」の気持ちが生まれました。

昔は、「これでこの値段？　ネットで買ったほうが安いじゃん！」なんて、思うこともありました。でも実は、価値というものは商品だけでなく、その商品の背景に目を向けると、たくさんの価値まで見えてきて感謝の気持ちが湧いてくるのです。

今では、タクシーの運転手さんには、この道を流してくれていてありがとうと思えるし、レストランでは、配膳、もてなし、食後のお皿洗いなどすべてにありがとうと言えます。「お金」というチケットを「幸せ」と交換できた気持ちになるのです。

単純に値段の高い安いではなく、背景にあるものにも目を向けてお金を払うことで、感謝の気持ちが生まれ、幸せになれるのです。そうするとお金の払い方にも、自然と上品さが増していくことでしょう。

第3章

「お金ドバーッ♡」マインドを整える

まずは「お金持ちになる！」と誓う

私は昔、「自分の価値を自分で決める」という、ゲームのようなことをよくやっていました。世間でいう「セルフイメージ」に近いのですが、私の場合はノートの真ん中に自分の名前を書いて、そこからマインドマップのように、自分の価値をどんどん付け足して書いていきます。

「宮本佳実は〇〇という存在だ！」という思いを、視覚から自分にインストールするために書き出すのです。これは、年収１０００万以上になってからやっていたので、

「年収３０００万円」

「ベストセラー作家」

「私の働き方・生き方を憧れてもらえる」
「タワーマンションの最上階に住んでいる」

など、もう好き勝手に書きます。

理想とちょっと違うのは、「未来がこうなったらいいな」ではなく、「私はこういう存在だ！」という気持ちで書くこと。自分をとりまく未来をイメージするのではなく、それを実現する自分自身の価値を決めてしまうのです。

自分の価値は人の評価で決まるような気がしますが、そうではなく、じつは自分が決めていいのです。だからこそ、このワークをすると本当に自分の価値ができあがっていき、現実になっていきます。

ぜひ「私はこういう価値がある存在だ」と思いながらゲーム感覚で書いてみてください。

「私」はドバドバお金が入ってくる存在なのです

人はみな、自分が書いたシナリオ、つまり自分で決めた未来像どおりにお金を受け取っています。よくあるのが、「私は、こんなにたくさんお金をもらえる存在ではない」「私には、そんな大金を稼げるだけの価値はない」です。それは誰が決めたのでしょうか。

私たちはこれまでの経験や、まわりから言われてきた評価によって、「私はこういう存在だ」と思い込み、お金という基準で自分の価値を決めてしまっているのです。

逆に、**「私は、お金をたくさんもらっていい存在だ」「私は、これだけ稼げる価値のある人間だ」と決めるのも、自分です。**

お金持ちの家に生まれた人は、これを当たり前のように思っているでしょう。最初は親御さんが稼いだお金をもらうわけですが、自分で稼ぐようになってからも、前提が「お金をもらっていい存在」なので、お金の入り方が違うのです。

「私はお金をたくさんもらう存在ではないので……」と遠慮していると、なかなかお金は入ってきません。

お金はエネルギーなので、思考というエネルギーにものすごく影響されます。「入ってくるー」と思っていると、お金のほうもするすると入って来やすいのです。でも、「私のところになんて、お金はやってこない」と思っていると、お金は単なるエネルギーでものすごく素直で単純なので、「そんなこと言わずに、受け取ってよ」なんて、気の利いたことは言ってくれません。そのまま、「受け取ってくれないなら、まあしょうがないか」と、その人に流れていくのをやめてしまうのです。

自分はお金が入ってきてもいい存在だと、自分のシナリオを書き直しましょう。自分の価値を決めるのは自分自身なのだから。

理想の自分をシナリオにしてみる

自分のシナリオを書き直してみましょうと、先ほどお話ししましたが、それは自分の「当たり前」を変えるということです。

・お金がないのが当たり前
・お給料が上がらないのが当たり前
・お金は使うとすぐなくなってしまうのが当たり前

自分で決めた「当たり前」のなかで、私たちは生きているのです。

これはお金以外のことでもそうです。たとえば、恋愛が得意な人と、そうでない人がいます。恋愛が得意な人は、自分の容姿などとは関係なく、「私は好かれて当然、愛されて当然」と最初から思っていて、それが「当たり前」になっているのです。

逆に、恋愛が苦手な人は、「人から愛されるためには、自分がいい人でいなければならない、だから好かれるのは難しい」と思っているので、それが「当たり前」となり、その世界で生きることになります。

この「当たり前」を変えることが必要です。それには、「当たり前」にしたいシナリオに書き直し、その世界に自分の身を置くことです。

現実がそこで急に変わることは難しいでしょう。でも、自分の「当たり前」を思考レベルで変えることで、まわりの状況はどんどん変化していきます。

私は、いまこの原稿をハワイのハレクラニホテルの部屋のラナイ（ベランダ）で書いています。以前、このホテルに滞在したときに、ラナイの椅子に座り、「ここで仕事をすることを当たり前にする」とノートに記し、自分に誓いました。

それがすぐに実現したわけではありませんが、それから1年半ほど月日が流れたいま、こうして私はハレクラニのプールとハワイの空と海を見ながら、原稿を書いています。

自分が「当たり前」にしたいシナリオを書き、そんな自分として日常を本気で楽しみながら生きていると、現実が本当にそうなっていくのです。

私は、その1年半前の旅行から、「ハワイに行くこと」をワークライフスタイルに入れるように意識し、「新月のお願い事」にもその事を書き、ハワイのことをいろいろ調べ、以前よりも真剣に英会話スクールに通うようになりました。

自分が「当たり前」と決めたことで、行動が変わり、まわりがどんどん変化していき、本当にその世界に身を置くことができるようになるのです。

夢の実現に感謝するとミラクルが始まる

シナリオに書いたことが現実に「当たり前」になってくると、ついつい調子に乗ってしまいます。それが悪いとは言いませんが、私は「当たり前」に感謝することが、とても大事だと考えています。

いまこうやってハワイで原稿を書くことが「当たり前」になりつつありますが、夢が実現したこと、この環境すなわち時間がつくれたこと、それだけの豊かさが持てるようになったこと、一人でハワイに来ることを許してくれるパートナーの理解があることなどを噛みしめて感謝しています。

毎日の暮らしのこともそうですよね。雨風がしのげる家に住めていること、温かいご飯が食べられること、安心して日々を送れているというこの環境に感謝することが、自分をより豊かな未来へと導いてくれます。

これは私の経験なのですが、昔からよく読んでいたいろいろな自己啓発本に、「感謝しましょう」ということが書いてあって、10年以上前から実践してきました。なので、ちょっと調子に乗っている私は、「感謝する」というのは当たり前で、いちいちみなさんにそのことを伝えるのは古いと思っていたのです（お恥ずかしい……）。

でも、『成功への扉が次々とひらく♡ミラクルレッスン』にも書きましたが、**「安心できて満たされている」ということが、理想を次々とかなえるミラクルを誘発させるのです**。この満たされるという気持ちは、いま置かれているすべてのことに心から感謝があふれ出したときに感じる感情です。

私の場合は好きな仕事をさせてもらえていること、一緒に働ける仲間がいること、毎日ブログを読んでくださる読者のみなさんがいること、何気ないことを何気なく語り合えるパートナーがいることなど実際に私のまわりで起きていることすべてです。

それまでは、「本を出したい！　もっと大きなセミナーを開きたい！　いまのままでは、いやだ」と悶々としていました。まだ本も出版していなくて、セミナーも自分のオフィスで5、6人の方に向けてやっていた時期です。

それが、置かれた自分の環境などすべてのことに心から感謝し、満たされたらミラクルが起こり、長年の夢であった出版がかなったのです。


だから、この**「感謝する」は基本中の基本で、ものすごく大切なことだということを、みなさんに改めてお伝えしたいのです**。自分の生きている世界の「ない」に振り回されて、「もっともっと」と思いがちですが、それよりもまず「ある」ことに目を向けて、それを噛みしめて、心から感謝するようにしてみてください。

そうすると、その感謝があふれだし、とてつもないミラクルを起こしてくれます。

そうすることで「当たり前」にしたい世界のシナリオを生きる日々がやってきます。

理想を先取りして現実を豊かにする

これまで自分の「理想の豊かさ」を考えていただいたので、次は、その理想を先取りしてみてください。「いつかやりたいことを、いまやる」ことで、もっともっと「理想」を「現実」に近づけていきましょう。

「理想の先取り」の具体的な方法は、いつもはしないプチ贅沢をしたり、理想とする自分が欲しいものを先に買っておくというもの。

私が昔やっていた「理想の先取り」を紹介します。

・がんばって片道だけグリーン車に乗ってみる
・欲しかったセリーヌのバッグを買う

・ホテルでランチしてみる
・ダイニングテーブルに花を飾るようにする

私は、さほど余裕のないときから、新幹線の片道をグリーン車にしたり、お得にグリーン車にのれるチケットを購入したりして、工夫して豊かさを味わってきました。憧れていたレストランへランチに行ったりもしました。ランチはディナーに比べ、かなりお値打ちにコース料理が食べられ、お得に優雅な気持ちが味わえます。こうやって自分ができる範囲で工夫しながら「豊かさの先どり」をウキウキワクワク楽しんでいました。

これらは、**先に豊かな気持ちを経験しておくという意味で、とても効果的です。その先取りした気分が自分の思考に影響して、自分が求める豊かさのほうに現実がどんどん向かっていきます。**

少しずつですが「理想の先取り」をすることで、自分の味わいたかった豊かさを現実に味わうことができ、心がどんどん満たされていきました。そうすることで、がんばってやっていたことが、いつのまにか私の「普通」、そう「当たり前」になっていたのです。

でもこのとき、注意することがあります。以前、セミナーで、「理想を先取りするために、できるだけ毎日外食するようにしています。でもそうするとお金が厳しくなってきて……。それでも、豊かさの先取りをするためには、ムリをしてでも続けたほうがいいんですよね？」という質問を受けたことがあります。

これは、ちょっと違います。理想の先取りで一番大切なのは「豊かな気持ち」を先取りすること。「お金が厳しい……どうしよう」という感情を持ちながら物質的に先取りしても、あまり意味がないのです。

理想の先取りは、自分が「豊かだな」と思える範囲ですることが大事です。「私は豊かだな」といつも思っていられるように、自分のペースで賢く可愛く楽しんで♡

豊かさを分け合うことが、最強の先取り

私が「素敵だな」と思うお金持ちの方が決まってやられていること……それが「寄付」です！

私も自分が「お金欲しい」と思っている頃、お会いしたお金持ちの方から「寄付をすると自分がもっと豊かになる」というお話しをたくさん聞いてきました。でもなかなかできなかった。「自分に余裕がないのに人にまでなんて……いつか余裕ができたらきっとしよう」と、自分自身を豊かにすることを考えるだけで、いっぱいいっぱいの私は、寄付することができませんでした。

でもいま！　あの頃の私に言ってあげたい。

「豊かさを分け合うことが、最強の豊かさ先取りだと!!」

だって、私は「自分が豊かじゃないから寄付できない」と自分ではっきり思っていたのです！　それに、「豊かになって余裕ができたら寄付しよう」とまで考えていました。ということは……そう、「豊か」になったら寄付するんだから、それを先取りするのが一番早いのです!!!

なにも、大富豪のように、すごい金額を寄付する必要はありません。
まずはコンビニのレジの横の募金箱に、小銭を寄付することからはじめてみてください。そのときに大事なのは、寄付できるいまの環境に感謝しながらお金をおさめること。小銭が余ったからとかそういうことではなく、**「寄付できて本当に豊かだな。感謝！」と思いながら、お金を募金箱に入れてみてほしいのです。**

そして、自分に入ってくるお金や、自分に使うお金がステージアップしていくにつれて、寄付の金額や寄付の仕方もステージアップしていけばよいのだと思います。
この豊かさの先取りも、無理せず自分が心地よくできる範囲で。それが大事です♡

いままでエネルギーを回そう！

お金はエネルギーです。あなたはエネルギーを使っていますか？
私は女性に起業のアドバイスをする仕事をしてきて、多くの人を見てきましたが、**うまくいく人とうまくいかない人の差は、「行動量」なのです、そう、エネルギーの量でした。**

ブログやＳＮＳで情報を発信することもそうです。自分の知識を発信するということは、エネルギーを発していることになります。やらない人よりもやった人のほうが、エネルギーを回していることになり、お金というエネルギーが入ってくる可能性が高まります。

エネルギーを出し始めると、自分のまわりのエネルギーの循環が始まり、直接的でなくても、まわりまわって自分にも大きなエネルギーが返ってきたりするのです。

それは「お金」だけが入ってくるとは限りません。いい人脈を紹介されたり、欲しかった情報が入ってきたり、うれしくなるような話が舞い込んだりと、いろいろなことが自分の身に起こってきます。

自分は何も変わらず、エネルギーを発しているだけなのに、まわりに起こることが次々と変わっていく。これは理想の豊かさに近づいているサインです。

お金が入ってくる多さが関係するのは、エネルギーの「質」よりまずは「量」です。「すごい自分にならなければお金は入ってこない」「豊かになれない」と思っているのだとしたら、それは違います。いまのあなたのままで、お金持ちに、豊かになれるのです。いまのあなたのまま、自分に出せるエネルギーをどんどん出していきましょう。

おすすめは毎日を本気で楽しんで生きるということ。何気なくとかしょうがなくではなく、毎日の小さな選択を自分の「好き」や「楽しい」という感覚を基準に選んでいくのです。

楽しいと自然にエネルギーが出ますし、好きなことをしているときも、ついついエネルギーを出してしまいます。

「量」を出してから「質」を整えていけばいいのです。「量」の前に「質」を語ることはできません。

すごい人に変わるのでもなく、他の誰かのようになるのでもなく、いまの自分が好きなこと、楽しいことをするだけで、たくさんのエネルギーを出せて、どんどん豊かになっていくことができるのです。

お金が好きだとちゃんと認めよう！

「私はお金が目的じゃないですから」という人に限って、お金にこだわっている人が多いような気がします（笑）。

「私はお金が好きです！」と、人前で叫ぶ必要なんてないですが、心のなかでそう唱えてみてください。あなたの「好き」のなかにお金は、入っていますか？

お金を「好きなことリスト」に入れるなんて、なんだか卑しくてちょっと、気が引けますよね。でも、「幸せを感じること」は「好きなことリスト」に入れられるし、あなたのリストに書いてあることのなかには、お金との交換で手にできるものもいくつかあるはずです。

そう、**お金は「幸せと交換できる特別なチケット」なんです。だから幸せとイコール。「好き！」で、いいのです。**

「お金を持つと不幸になる」と思っている人は、きっと不幸になります。同じように「お金は自分もまわりの人も幸せにしてくれる」と思っている人は、幸せになります。どちらも自分で決められるのですから。

これからは「お金が好き！」と心のなかでぜひ唱えてみてください。そして「好きなことリスト」のなかにお金をこっそり追加してみてください。

そうすればきっとお金も喜んで、あなたのもとへとなだれ込んできて、たくさんの幸せと交換させてくれるはずです。

理想と現実をバランスよく見よう！

正直に言います。起業するかしないかというとき、まだ結婚していたころのことなのですが、引き寄せ系のお金の本を読んだら、『〇万円入ってくる』と紙に書けばそのとおりになる」とあったので、すぐに実行しました。そのあたり、私はものすごく素直なのです。

そこに「心から信じて書く」とも書いてあったので、鼻息荒く、心をこめて、いつもより強い筆圧でノートに、「3000万円入ってきました！　マンションのローンが全額返済できました！　ありがとうございます！」と、しっかり書き留めました。

ですが、3000万円が入ってきてマンションのローンが全額返済できるなんてミラクルは、まったく起こりませんでした（当たり前ですが）。

そのころは台所事情がカツカツだったので、家のローンを返せれば、余裕が出て私はもっと幸せになれるのにと、1年以内にそのお金が欲しいと本気で思っていました。

宝くじも思いっきり念を込めて買いました。結果は、もちろん当たりませんでした。

正直ちょっと、「やっぱり書いただけでかなうなんて、嘘じゃん！」と思いましたね。


ではその後、私はどうしたのかというと、これまでの本やセミナーでお伝えしてきたとおり、少しずつそのときの「いま」を満たしながら生きてきました。ノートに書いただけでは、3000万円はやってこなかったから。


私の場合は、起業することを決めて自分の好きなことをするようになってから、目の前にある選択を自分の「好き」「楽しい」「心地いい」を基準に選ぶようにしました。

そして、いま自分がしたいこと、かなえたいこと、たとえば「おしゃれなカフェでパソコンを開いて仕事をしたい」「すてきなお客様にたくさんきてほしい」という細かい理想を一つひとつかなえ、自分を満たしていくようにしたのです。

そうしたら、「3000万円なきゃ、幸せはやってこない。余裕のある生活は送れない」という思い込みは、自分を満たすのと同時に溶けてなくなっていました。目の前にある「いま」を楽しむ力がつくと、理想にとらわれずにすむのです。

大切なのは、そうなると決めること。これは理想をかなえるための必須条件。でも、もう一つ条件があるとすれば、それはちゃんと「いま」を楽しみ、「いま」に満たされることです。


遠くの理想に気持ちがいきすぎて、いまの自分を楽しめなければ、理想と現実を比べては虚しくなってくる……。そんなふうに思うこともあるでしょう。でもそれは違うのです。「いま」に満たされることが、満たされた「未来」につながっていくのです。

理想の未来ばかりを見て現実を嘆いていてもいけないし、現実ばかりを見て未来に期待しないのもナンセンス。両方をバランスよく見る力がつくと、理想はより一層かないやすくなります。

私も、３０００万円が自分の手元に入ってくるなんて、あのころはどうひっくり返っても方法がわかりませんでした。

でも、いままで自分の理想を少しずつ満たしていって、小さな成功体験（自分の理想の１日をプランニングし、実際にそれを実行してみるなど、いまの自分にできる成功体験）を繰り返すなかで、「いま」に満たされることがどんどん上手になっていき、どこにあるかもわからない、道筋すらわからない大きな理想が、あるときスルリとかなってしまうのです。

だからこそ、いま目の前にあるやりたいことを、どんどんできる自分になっていきましょう。「できるに変える変換力」は、大きな理想に使うというよりも、目の前の小さな理想に使っていくのがコツです。

憧れの引っ越したい場所があるのなら、その場所のことを調べたり、実際に訪れたりしてみる。そこでイメージトレーニングをしたり資料を取り寄せることは今すぐできるはずです。まわりの誰かに、「ここに住みたいと思っているの」と話すこともできる。そうしたら、「その場所だったら、すごく格安の物件があってね」と、うれしい情報を誰かがくれることだってあるのです。

「何も変化が起こらない」と思っているのなら、いますぐエネルギーを回してみましょう。そうすると、新たなエネルギーがなだれ込んできます。

自分で自分を満たす力をちゃんとつけること。これは「可愛いお金持ち」になるために、とっても大事な力なのです。

自分の理想に焦らされることなく、ちゃんと目の前のことを楽しめる自分でいることが、大きな夢をかなえる秘訣だと私は思います。

お金の悩みの原因を楽しく解決♡

理想の未来ばかりを見て現実を嘆くのではなく、ちゃんと「いま」を大事に「いま」に向き合う練習もしていきましょう。どんな悩みを解決するときにも、悩みにきちんと向き合うことが大事です。悩みの種をじっくり吟味するのです。

まず、あなたのお金の悩みを具体的に書いてみましょう。これは頭だけで考えるのではなく、ノートなどに書き出したほうが客観視できるのでおすすめです。悩みは自分のなかにあるままより、一度自分の外に出したほうが解決しやすいのです。

たとえば、「お給料が少ない」「家の住み心地がよくない」「月末になると必ずお金が足りなくなる」「カードの請求に悩まされている」などです。
書けましたか？　では、それを解決するために、具体的にいま自分ができることを考えてみましょう。ゲーム感覚で楽しくやることがコツです。「本当に解決できるかな～」と疑いながらやるのではなく、「こんなこともできる」「あんなこともできそう」とアイデアをポンポン出していきましょう。たとえば、「お給料が少ない」を解決するためのアイデア出しであれば、次のようにします。
↓「お給料が増えるように昇進を目指す！」↓「上司に交渉してみる！」
↓「副業をしてみる」↓「インターネットで探してみる」
↓「アルバイトをしてみる」↓「昔から憧れていた雑貨屋さんで週末にアルバイトができないか、求人情報を調べてみる」
↓「転職する」↓「いまより環境もよく、お給料も上がる職場を探してみる」
↓「お金持ちと結婚する」↓「経営者のコミュニティや婚活サイトをのぞいてみる」
このようにアイデアベースで具体的に書き出していきます。お友達と遊び感覚でやってみても楽しいでしょう。笑いながら出てきたアイデアに、あなたの未来を変える大きなヒントが隠されているかもしれませんよ。

そして、アイデアレベルの項目のなかから、「これは、いますぐできそうだな」というのがあれば、すぐにやってみましょう。決して「絶対に成功させなきゃ！　うまくいかせなきゃ！」という義務感を持ってはいけません。「ちょっと調べてみよー、登録してみよー」くらいの気軽な気持ちでやるのがコツです。

いまと同じ考え方、同じ行動をしていては、未来は「満たされていない、いま」の延長線上にしかありません。自分の理想の未来にシフトチェンジするには、いまとは違う考え方と行動を少しずつでもしていくことが大切です。

スタートしてふり返ったときに、理想の未来につながっていないように感じても、「いま」にちゃんと向き合って毎日を楽しんでいれば、いつのまにか理想の未来を現実に生きていると感じる日がきますよ。

一度決めたら本気で行動しよう！

昔の私のように、「理想の自分実現のために本気を出すと決めたはずなのに、うまくいきません」という声を聞きます。それは、決め方が弱いからなのかもしれません。

「決めるだけでいいんでしょ？」とよく言われますが、そうなんです。決めるだけでいいんです。でも本気で決めたら、行動しないなんていう選択肢はなくなるはず。

私は年中「あと3kgやせたい」と言っていますが、その3kgが一向に減りません。そんななかパートナーにこんなことを言われました。「佳実って、いつもやせたいと言っているけど、言ってるだけだよね。本気じゃないよね。美味しいものは食べて、そんなに運動もせず。なんとなく『やせられたらな～』とか思ってない？　本気で決めたら、お菓子なんか絶対食べる気起こらないし」と。
そう、なんとなく「やせたいな～」ではダメなのです。「やせる！」と本気で決めなければ。

それと同じです。**いまの私は、「人生に本気を出す」がモットーです。**これは、がむしゃらにがんばるとか、髪を振り乱して努力するとか、そういうことではなく、「**自分の人生を本気を出して楽しむ**」ということなんです。そう覚悟すれば、目の前のことをしっかりと味わえるようになり、もっと自分からエネルギーが出て、まわりのエネルギーがどんどん循環し始めます。

そうすると、「お金」というエネルギーも入ってくるし、いままではなかったような「いいこと」が起こり始めます。

自分の人生に本気を出す。本気を出して自分の人生を楽しむ。そう決めたのなら、楽しいことを毎日選択するようにし、身のまわりを徹底的に心地よくしてみましょう。

「できるに変える変換力」を使って人生に本気を出す！

では、「本気で人生を楽しむ」って、どうやればいいのかなって思いますよね。先ほども書きましたが、目の前のことを心から味わい、そして楽しむことです。会社での日々の業務、家族との団欒、友人とのお茶、一人のだらっとした時間……すべてを味わい尽くすのです。

私は「本気出すぞ！」と決めたときは、家でダラダラするときも、なんとなくではなく、思いっきりダラダラします。それが終わったら、今度は本気出して次の行動に移ります。

行きたい場所があるならば、「行けたらいいなあ」ではなく、「必ず行く方法」を本気で考えます。

欲しいものがあるならば、「いつか手に入ったらなあ」ではなく、「少しでも早くに手に入れる方法」を本気で考えます。

やりたいことがあるならば、「やれたらいいなあ」ではなく、「実現させるための方法」を本気で考えます。

そうやって、**「いつかできたら」を「できる！　やれる！」に変える変換力を持って生きることは、本気を出して人生を楽しむことにつながっていくと思うのです。**

「やれるように誰かが準備してくれたらいいな」とか「できる環境に変わったら始めよう」といって何かを待っているのではなくて、自分の人生は自分で切り拓いていくのです。「できるに変える変換力」を、小さなことからどんどん使ってみてください。

可愛い私たちだからこそ、それくらいの心意気で自分の人生を楽しみましょう。自分の人生は、自分の手にかかっているのだから。

お金を稼ぐことは悪いことではない

家族でハワイに行ったときに、せっかくならばとプライベートで頼めるツアーガイドを申し込みました。行きたいところをリクエストしておくと、クルマで連れて行ってくれ、親切にいろいろいなことをガイドしてもらえます、

自分では行けないようなところへ行けたり、ハワイのいろんなことを知ることができたり、大満足のオプショナルツアーでした。

そのときのガイドさんは優しく丁寧な方だったのですが、お金持ちの大きな家を見るたびに、「なにか悪いことでもして儲けたんでしょうね」と冗談混じりにガイドをされていて……。私は逆に「ものすごくいいことを、したんじゃないのかな」と思い

ながら聞いていました。

私は、自分が楽しいこと、幸せになること、人を幸せにすることでお金を稼げると思っているので、「お金をたくさん稼ぐ=悪いことをたくさんする」にはならないと、ガイドさんの言うことを不思議に思ったのです。

その考え方は、私にもわかります。「こんなにお金を稼いで、どうせロクなことしていないんだろうな」「楽してお金を稼ぐだなんて、だめだ！」と刷り込まれてきたからです。でも、その前提をあらためないと、自分が楽しいことをしてお金をたくさん稼ぐことができなくなります。

そのガイドさんはとてもいい方で、優しく知識も豊富でした。この方が、「楽しいことをたくさんすれば、お金がもっと儲かる！」という前提に立てば、もっとお金が入ってくるかもしれません。だって、この楽しいことを続けるにはどうすればいいかと、自分で考えたくなるから。

でも、「自分の好きなこと、楽しいことではお金はそんなに稼げないし、生活できればいい」と思っていると、本当にそうなってしまいます。自分の稼ぎは自分が決めているのです。

いますぐ、「楽しいこと」「好きなこと」をしたときにこそ、お金がたくさん稼げるという考えに変えましょう。まずは、とりあえず思うだけでいいですから。

「大変なこと」「辛いこと」をしないとお金がたくさん儲からない、という幻想を取り除くことが大事です。マインドはここから整えていきましょう。

「もったいない」を口にしない

私はお金を使うとき、いつも「もったいない」と感じていました。自分の欲しいものを買うときでも、

「もったいないなー、どうしようかなー」

とつぶやきながら考えていたし、誰かにプレゼントを買うときも、

「うーん、この金額出すのはもったいないかな……」

と思いながら選んでいました。


「欲しい」「満たされたい」「あげたい」「喜んでもらいたい」という気持ちと、「もったいない」との間で、いつも葛藤していました。というより、「欲しい」という気持

ちに「もったいない」という気持ちがいつも付属していたというほうが近いかもしれません。

もったいないと思いながらお金を出すということは、その気持ちが、お金の出口をギューっと絞っていることになります。その狭まった出口から、ちょろちょろとお金というエネルギーを出すイメージです。

そうなると、入口と出口は基本的に同じですので、入口まで「もったいない」という言葉で狭くなってしまうのです！

気持ちよく出したお金は、もっと大きくなって、大きな入口から気持ちよく入ってきます。

「お金がない」は絶対に言わない！

可愛いお金もちのＮＧワードには、

・もったいない
・お金なんて好きじゃない
・お金持ちはズルイ
・お金は魔物

などいろいろありますが、ワースト１は、「お金がない」です。

これは、つい口に出てしまいそうですが、いちばん言ってはいけないワードです。私も、以前はこのワードを連発していました。家のなかでも、両親にも、友達にも、

「お金がない自慢」をして回っているようでした。

みなさんは言霊という言葉をご存知ですよね？　お金も思考もエネルギーですが、言葉も立派なエネルギーなのです。

その証拠に、植物などに「きれいだね」「ありがとう」と言って水をあげるとすくすくと育ち、「バカヤロー」などネガティブな言葉をかけると、早く枯れてしまうという実験結果もありますよね。


そうなのです。その実験結果のように、「お金がない」と言ってしまえば、お金がないことを自分が体現することになってしまうのです。こわいですね！

「お金がない」は今日から禁句です。どうせ言うなら「お金はある！」にしましょう。

身辺を整理して自分の「ある」を知る

物に溢れて自分の部屋が整理整頓されていないと、自分が持っているもの……すなわち自分が持っている、すでに「ある」ものをきちんと把握できず、「ある」はずなのに、「ない、ない」と思ってしまい、余計なものまで買い込んでしまうことにもなります。

私も、仕事などに追われて、部屋が整理できていないときほど、余計なものを買っている気がします。同じようなものが家にあるはずなのに、それを覚えていないのでまた買ってしまい、帰宅してから「なんだか、前に買ったこれに似ているな〜」なんて、後悔することがあるのです。

だから身のまわりはいつも整理整頓して、自分の「ある」をきちんと認識できる状態にしておきましょう。お金は「幸せと交換できるチケット」ですが、交換した「幸せ」が、一時的な満足感や高揚感に終わってしまっては意味がありません。

そのあと、ただ「かさばる物体」と化し、自分の大切なスペースを占領されてしまったら元も子もありません。

だからこそ、いまの「ある」をしっかりと認識し、ものに関しても、きちんと「幸せ」に交換していくのです。

身のまわりをお気に入りのものばかりにして、一つひとつの「ある」を大事にすることで、どんどんお買い物上手になり、パワースポットとしての自分だけの空間づくりの達人になることができます。

第4章

「お金ドバーッ♡」のテクニック

お金の入る支流を増やしてみる

みなさんのところに、お金はどのように入ってきていますか？　いちばん多いのは「自分のお給料」や「旦那さんのお給料」という答えだと思います。私も長らく、自分のもとにお金が入ってくるのは「お給料」そのただ一つだし、今後もきっとそうだろうと思っていました。

だとしたら、その固定されているお金のエネルギーの流れを、少し変えてみることをおすすめします。どうやるかというと、お給料以外にも、自分のもとにお金が入ってくる方法を考えてみるのです。

たとえば、読まなくなった本を古本屋に売ってみる。使わなくなったものをネットオークションに出してみる、というのはどうでしょうか。

私も利用したことがありますが、フリマアプリの「メルカリ」で、着なくなった服や使わなくなったバッグなどを出品してみると、それを欲しいという方と気軽に取引ができておすすめです。

また、アクセサリーや小物を手づくりするのが得意な方は、その作品をネット上に出店してみるのも楽しいでしょう。いまは手づくりのものを出店するアプリもありますので、そちらをためしてみるのもいいですね。

あと、文章を書くのが得意な方は、インターネット記事のライターの仕事があったりするので、そういうものに応募してみる手もあります。

そうやって、**少しでもお金の流れを変えてみると、「お金はどこからでも入ってき**

ていいんだ！」というマインドに変わり、お給料以外にお金が入ってくる方法を思いついたり、お金が入ってきたときに、素直に受け取れるようになります。

この、「お金はどこから入ってきてもいい」というマインドを知った友人のAさんは、それまで旦那さんのお給料は、なんだか自分のものではないような気がして、使うことを遠慮していたそうです。

ですが、そのお金は「自分のものでもある」と、旦那さんがお給料を稼いでくれることを心から喜ぶようになったら、旦那さんが自分からお金を渡してくれるようになり、美味しいご飯やちょっと背伸びをした旅行にも連れて行ってくれるようになって、なんだかお互いがハッピーになれている実感があると教えてくれました。

「もの」を増やすときは量より質

「お金」が入ってくるときは、「エネルギー」の質より量が関係するというお話をしましたが、「もの」を増やすときは逆で、私は量より質を考えます。安いものをたくさん買うよりは、高価でも気に入ったものを厳選して買うようになりました。

販売員時代やＯＬ時代は、ものがたくさん欲しいがために安いものを選んで、どれだけ数を買えるかに重点を置いていました。でもその結果、まったく満たされませんでした。買っても買っても満たされないスパイラルにハマっていたのです。

いまは自分にとって価値のあるものがしっかりとわかるので、本当に欲しいものを吟味して買っていくというスタイルが身についています。
ものを増やすときには、自分のまわりに良質なエネルギーをいっぱいにするイメージをしています。無料提供のものでも自分のエネルギーに合わないもの、まわりにものばかりが増えて部屋が汚なくなるものは必要ありません。自分のスペースがエネルギーの違うものによって奪われるので、逆に損なのです。

「類は友を呼ぶ」のは人の世界だけではなく、ものでも同じこと。**自分に合った良質なエネルギーのもののなかに身を置いていると、気分も違うし自分のエネルギーも上がっていきます。**

パワースポットは自分でつくれるのです。無料のものをもらうとき、「私のパワースポットに必要かな」と考えてみてください。いらないものをもらったら、マイパワースポットのパワーが落ちてしまいますからね。

自分も他人も許して豊かになる

私の生徒さんで、いつもニコニコしていて、とても優しいNさんがいます。Nさんはワークライフスタイリストとして、とても活躍してくれていますが、講座に通うまでは「自分なんて」といつも思っていて、やりたいことも我慢し、人の顔色を伺っていたそうです。

そんなNさんが、こんなことを言っていました。

「フェイスブックに顔を出したり、いまの活動を書きたいけれど、怖くて書けない」

「なぜ?」と聞くと、

「昔の友人知人にいまの活動を知られたら、何やってんの？　何言ってんの？　と思われそうだから」

ということでした。その気持ちはわかります。そこで、

「いまの私すてきでしょと、堂々としていたらいいのよ。インスタは平気なの？」

と聞いてみると、

「インスタも、私なんかがおしゃれな写真とかアップするのは気が引けます。だって芸能人でもないのに、モデル気取りで写真撮るのって、どうかと思いませんか？

あ、佳実さんはいいんですよ（笑）」


原因はこれだなと思いました。

「芸能人でもない人が、おしゃれな写真をアップしてはいけないと決めているのはNさん自身だよね？　他人のそれを許さなきゃ、自分もできないよ」

そうなのです。ほかの人を心の中で批判していると、自分も批判されると思うので、やりたいようにできないのです。「私がこんなことをしたら、何か言われる、絶対叩かれる……」と。

お金についても同じことです。お金を持っている人、豊かに楽しんでいる人を見て、「こっちはこんなにがんばっているのに、ふざけんじゃない！」なんて思っていると、自分もお金持ちになったら同じように批判されると想像してしまい、豊かになりたいと思いながらも、そうならないように自制してしまうのです。

自分のシナリオをつくったら、その内容に近い人生を送っている人を妬んだりしてはいけません。その世界を否定していることになるからです。

楽しく豊かに生きるシナリオをつくったら、理想を求めて未来を生きている人のことを「すてきだね」と広い心で称えましょう。そして**「次は私の番？」とワクワクした気持ちでいると、自分を取り巻く世界が本当にシナリオどおりに変わっていくのです。**

自分の人生がいま豊かに満たされている人は、人の豊かさや幸せをひがんだりしません。だから、豊かな気持ちをちゃんと先取りするのです。

運がいいと思い続けて金運を上げる

先日、友人たちとの集まりで、私が、

「運がいい人になりたいなら、まず『私は運がいい』と言っていることが必須条件」

という話をしたら、友人たちは、

「私、昔から運だけはいいと思っていた！」

と口々に言うのです。前々から私のまわりは運のいい人ばかりだなあと思っていたのですが、それは「自分は運がいい」と自分で思っている人なのだ、と確信しました。

昔の私は、自分のことを「金運のない女」と決めつけていました。でも、どんどん素直になり、自分のことを満たしていった結果、自分のことを「私は運がいい」と思えるようになったのです。

それは、自分を満たして幸せにできるようになると、いいことばかりが起きて、運がいいと思わずにはいられなくなるからなのです。

そうやって少しずつ「私、運がいいかも！」と感じるようになると、いろんな運が上がっていき、「金運だけは、ない」と最後まで思っていたのですが、今ではお金の本を出せるまでになりました。


自分のことを運がいいと思っている人が、運のいい人です。運がよくなりたいのであれば、そう思うことです。それが運をよくするための最低限のスキルです。それには「素直」であることです。

「そんなこと思って、本当に運がよくなるの？」と疑うのではなく、思うだけだったら簡単なんだから、やってみればいい。「私は運がいいんだ！」という言葉で体中満たされることによって、どんどん運が上がっていきます。

運はタイミングで引き寄せる

金運と直接関係があるわけではありませんが、よくまわりの人から、

「なぜ本が売れたんですか?」

「なぜ、いまのように上手くいくようになったのですか?」

と聞かれることがあります。私の答えは、

「運です」

ということになります。


みなさんに共感していただけるだけの知識を増やし、勉強し、売れるための努力はしました。一定の努力をすれば、一定のところまでは行けます。でも、それ以上はや

はり運でしかないと思うのです。

「えっ、じゃあ元も子もないじゃん」と思われる方もいるでしょう。でも、違うのです。運だからいいのです。

私は運がよくて、満たされていることによって、本来の力以上のものが出て、多くの人や見えない力に助けてもらっています。それで自分一人では到底出せないような結果を出せています。

そして、ものごとが自分のいちばん心地よい形とタイミングで進んでいくようになっているので、するするとステージが上がっていくというミラクルが起こるようになりました。

これが、自分の力だけでなんとかしようとすると、タイミングがまったくズレていたり、むりやり動かそうとしてのことなので、よくない結果になることが増えます。

時期を待てとはこのことで、**現状に満たされながら目の前のことに集中することで、**

抜群のタイミングでいちばんの理想をかなえることができます。だからこそ素直に満たされて、いまに集中することが大切です。

お金持ちになるのも、夢をかなえるのも、ただそれだけ。じつに簡単なことです。

「素直」に満たされて、いまに集中していれば、希望する未来は確実にかなうのに、理想に気を取られていまに集中できず、満たされない人が多くいます。そういう人は「こんなことで、本当にかなうの?」と不安になり、自分の力で理想に近づけようとするものです。

それも悪いわけではないけれど、いまは「いま」に集中する時期。理想がかなうときは抜群のタイミングでやってくるから、それを待つ。満たされながらね。

お金とはモテる女のように付き合う

「お金は追いかけるものではなく、後からついてくるもの」

よく聞かれる言葉ですが、本当にそうだと思います。お金を追いかけてばかりいると、なかなか手に入りません。

それよりも、目の前のことにワクワク取り組んでいると、自分がたくさんのエネルギーを出していることになるので、いろんなエネルギーが自分に巡ってくるようになり、そのなかに「お金」ももちろん入っていて、結果的にお金が増えることがたくさんあります。


お金との付き合い方は、「モテる女のごとく」が賢明です。必死に追いかけることなく、でも放っておきすぎることもなく、大事にするけど自分に惚れさせて追いかけさせるのがコツです。

惚れさせるには、「あなたのことが好きですよ」と意思表示はするけど、重くなく、仕事や友人関係など恋愛以外のことも楽しんで、キラキラしていることです。そうすると、お金のほうからあなたのことが大好きになって、ちゃーんと追いかけてきてくれます。

ストーカーのように「絶対私のものにするー」といって追いかけまくるのもおすすめしませんが、「どうせ、私なんて……モテないし」と卑屈になるのはもっとダメです。

クレジットカードを封印してみる

私は昔、クレジットカードを「魔法のカード」と呼んでいました。お金がなくても、これさえあれば欲しいものが買えるから。でも、その魔法は翌月か翌々月に、カードの請求書とともに、あっけなくとけていく……。

家を買ったり（住宅ローン）、何かを学んだり（奨学金など）は別として、日常使うものを「お金がないから」という理由でカードを使うというのはおすすめしません。

昔の私は、欲しい服やカバンがあるけどお金がないというときに、翌月のお給料やボーナスをあてにして、クレジットカードで買うことを繰り返していました。そう、自転車操業です。「今月で終わりにしよう」と思っても、欲しいものは次の月も湧いてくるもの。だから、このスパイラルはなかなか止められません。

そこで考えたのが、「今日もニコニコ現金払い」。支払うとき、心のなかでそう唱えながら払っていました。魔法のカードを封印！　クレジットカードでの支払をやめてみたのです。少し高額のものを買うときにも、現金をおろして買うようにしました。

そうしたら、自分に入ってくるお金と、出ていくお金のバランスがだんだんと整ってくるようになりました。

クレジットカードの支払いで困っている方は、カードを引き出しの奥にしまって、外に持ち出さないようにしてください。そして、現金払いに替えてみましょう。

お金の流れが整ってきたら、クレジットカード払いに戻してもいいと思います。私もいまは、クレジットカードでよく支払います。それは便利だから。お金を何回もおろしに行かないですむようになり、ポイントも溜まってお得です。

クレジットカードを「お金がないから使う」ではなく、「便利だから使う」と思えるまで、現金払いでお金の循環を整えることが大事だと、自分の経験から学びました。

相性のいいお財布で金運を上げる

私は「お財布」が大好きで、お財布売り場に並ぶ新商品を見ると、ウキウキしてきます。だから、昔からお財布を頻繁に替えていたのかもしれません。だって、すぐに欲しいお財布が見つかってしまうから。

私のお財布を選ぶコツは、ワクワクさせてくれるものかどうかがポイント。とくに「初対面のインスピレーション」「触ったときの感触」「ファスナーやボタンを開け閉めするときの感覚」の3つを軸に選んでいます。

また、奇抜なデザインよりも、定番のシンプルなデザインが好きです。自分のお気に入りの財布にすると、お金を取り出して支払うときにもうれしい気持ちになるので、とってもおすすめです。

お金を払うときに、「もったいない」とネガティブな気持ちになってしまう人は多いと思うので、お気に入りの財布からお金を取り出せば、その気持ちが軽減されます。

お財布と人にも相性があります。私はここのところずっと赤い財布を使っていて、お店で見たときに「可愛い！」と声を上げ、とても気に入り購入しました。

でも「赤」って、基本的には金運が悪くなる色とされていますよね。金運を上げるならベージュや黄色、お金を貯めるなら黒……などとよく聞きます。運気的なことも気になるので、著書に『夢が叶う金運お作法』を持ち、お財布リーディングもされているヒーラーの立石裕美さんに聞いてみました。

「私は赤い財布を持っていますが、金運的によくないですか？」

するると、

「基本的には赤は燃やす色だし、金運からはいい色とはされていませんが、いまの佳実ちゃんは、それに負けないパワーがあるから、そのお財布と合っているね」と言われたのです。そうか、お財布と持ち主にも相性があるのだなと思いました。

なので、お財布を買うときに「私にぴったり！」と、しっくりきたり、手に取るたびにワクワクするような、気分を上げてくれるお財布を使うと、自ずと金運がよくなるのです。

お財布は、いま使っているのが古くなったからしかたなく買うというのではなく、魅せられたように「このお財布だから買いたい！　使いたい！」と思えるものに出会ったときに購入するようにしましょう。

私は、気分のいい日や天気のいい日を選んで買うようにしています。

新しいお財布は寝かせてから使う

前著『ワークライフスタイルブック』にも書きましたが、私がもう何年も続けているお財布セットアップ法を紹介しましょう。

昔、風水の本で読んでから実践しているのですが、長い月日を経て、自分のオリジナルになっています。でも、これで私の収入は上がり続けていますので、ぜひみなさんも試してみてください。

まず、お気に入りのお財布を購入したら、すぐに使うのではなく、そのお財布に「たくさんのお金が入っている状態」を覚え込ませるアクションをします。銀行からある程度のお金をおろしてきて、1万円札を入るだけお財布に入れます。

私がいろいろなお財布で試した結果、どのお財布もだいたい60枚が限界で、それ以上入れるとジッパーやボタンが壊れそうになるので注意してください。

そして、インターネットやカレンダーで、「一粒万倍日」「寅の日」「天赦日」などお日柄のいい日を検索し、今日からいちばん近い日を見つけます。その日をお財布を使い始める日と決めて、それまでそっと寝かせておくのです。

私の経験では、1週間以上寝かせておいたほうが、効果があるような気がするので、1週間から1カ月後の間で、お財布使用開始日を設定します。

その日がきたら、詰めたお金のほとんどは銀行に戻して、ワクワクしながら使い始めます。セットアップ中は待ちきれなくて、箱に入った新しいお財布を横目でチラチラ見ながらニヤニヤしています。その時間もまた楽しく、新しいお財布への気持ちを盛り上げてくれます。

お財布はお札で満たしておく

新しいお財布には常に、ある程度多くのお金を入れておきます。私は意識して、現金10万円以上を入れておくようにしています。そうすると、お財布を開けたとき、たくさんのお金が目に入って「豊かだな～」という気持ちに浸れて、豊かな気分を先取りできるからです。


この方法をまわりにすすめ、本にも書いたところ、たくさんの方が試してくださり、

「10万円を入れるようになってから、臨時収入が増えました！」

「収入が上がりました！」

という声をよく聞きます。

お金持ちになりたいなら、お金持ちのマネをしたらいいとも聞きますが、お金持ちってお財布にある程度の現金を入れている方が多いですよね。だからそれをマネするだけ。常に10万円は用意できないという方は、できる範囲でお金を入れてみてください。使うのではなく入れておくだけ。とっても簡単な金運アクションです。

お札は揃えて入れます。私は手前から、1万円札、5千円札、千円札の順番で、人物の頭を上にします。お札が出ていかないように、人物の頭は奥にしたほうがいいとも聞きますが、私は見たときにズラッと見えて美しく壮観なので、この並びに落ち着きました。

お金持ちは長財布を使っていることが多いとも聞きます。私はお札が並んでいるときの見栄えという観点から、やはり長財布をおすすめします。お財布を開けたときに、ずらっと並んでいると気持ちがいいからです。

以前、お財布の1万円札をこまめに新札にしていたこともありました。そうしていると、お財布のなかが凛々しく見えるので、これもおすすめです。

でも、いま私が新札にするのをお休みしている理由は、銀行にわざわざ新札に両替にいくのが大変だからということと、お札を出すときに、新札だと2枚重なったまま出したような気がして、何度も確かめるのがストレスだからです。

それから、自分がお財布を開けたときに、いい気持ちになるようにすることが大事。お部屋も、ものがなくてすっきりしているのが好みの人もいれば、海外のアパートメントのように、ものはあるけど片付いていておしゃれという部屋が落ち着く人もいますよね。

自分がいちばん気に入るお財布のなかを、自分でプロデュースしてみてください。それくらい、お財布に関心を持つことが、「可愛いお金持ち」への近道です。

おまけの話。私は、お財布には理想を書いた「夢カード」をこっそり入れています。だいたい年の初めにカードを書いて小さな封筒に入れ、お財布に忍ばせておくのです。年初は、その年にかなえたいことをノートや手帳に10個ほど書くのですが、そのなかでもとくにかなえたい2、3個を「夢カード」に写します。

このアクションをしてから、１年後のお正月にカードを入れ替えるとき、前年の夢はほとんど（というか私はすべて）かなっているのです。これは別にお正月にやらなければいけないことはありません。

ぜひ、かなえたい夢を小さなカードに書いて、いますぐお財布に忍ばせてみてください。お財布は大切に使うものなので、その理想も一緒に大切に扱うことができ、スルリと夢がかなってしまうから不思議です。

夢は大事に扱うことが大事なんだなと、身をもって体感した出来事でした。

ポイントカードについても触れておきましょう。

みなさんのお財布のなかには、たぶんいろんなお店のポイントカードがたくさん入っていますよね。お財布のなかで、かさばるのがポイントカードだと思います。

お財布はお金を大切に入れるところですから、当然お金が主役でなければいけません。それなのにお金以外のカードなどがひしめき合っていたら、何が主役なのかわからなくなります。

ここはスッキリと、いちばん大切なお金とそれ以外とをきっちりと分けたほうがいいでしょう。私はポイントカードや会員カード、ＩＣカードや新幹線のＥＸカードは、お金とは別にして、キーホルダー付きのカードケースに入れています。

キーホルダー付きなので、そこに家の鍵を付けておくと、そのカードケースを忘れることはまずありません。お財布もスッキリするし、ポイントカードも忘れずに携行できるので一石二鳥です。

満月の夜にお財布フリフリをする

私の著書『可愛いままで年収1000万円』に、「満月にお財布フリフリをすると金運が上がると聞いたので実践しています」ということを書きましたが正直、私は、そういったスピリチュアルな専門家ではないため、お財布を振ること自体にどんな意味があるのかは、詳しくはよくわかりません。

でも、いいことを聞いたからと素直に実践し、さらにそのことをお金持ちの男性社長に話したら、「それをするだけで、お金が入ってくるの？　ぜひやってみるよ」と言って本当に実践しているそうです。お金に好かれる人というのは、本当に素直だなと思いました。

ここで「お財布を振るだけで、本当にお金が増えるわけ？」と疑いの目で見ることもできます。**でも、「振るだけだったら、それはいいね。やってみよう」と素直にとらえて気軽にやってみることで金運が上がっていくのです。**

だって、満月の夜にお財布を振るだけなんだから、もし何も変わらなかったとしても、自分が損することなんてありませんよね。

そして、やっぱり素直な人の勝ちだなという体験談を聞くことができたので、紹介しますね。

――佳実さんの本を読んでから、毎月、満月の夜に旦那さんと一緒に「たくさんの豊かさをありがとうございます！」と言って、お財布フリフリをしていました。そうしたら、その後、結婚のお祝いにと彼のお父さんから「現金５００万円」をいただきました！

そこから立て続けに、ディオールの時計や夫婦そろってカルティエの時計をもらったり、お洋服をもらったり、お小遣いをもらったり、美味しいご飯をご馳走になったり、合計で約1000万円の豊かさをいただきました。働かずして、年収1000万円達成してしまいました！

また、友達から誕生日プレゼントにディズニーのペアチケットをもらったり、（一度も行ったことがなく、いつも行きたい行きたいと言っていたのです）、この前は、母に洋服を買ってもらったり、たくさんの豊かさをいただけるようになりました！――

私は満月の夜、お財布から現金以外のものをすべて出して、もうすでに豊かさが入っているかのように、「あふれるほどの豊かさをたくさん受け取っています。ありがとうございます」と唱えながら（心のなかで唱えてもいい）、お財布を満月に向けて振っています。

お金以外の「ドバーッ♡」を見逃さない

私は「節約」にフォーカスするよりも、「お金が入ってくる」ということにフォーカスすることで、お金の悩みを少しずつ解決していきました。そこには大切なコツがあります。それは、**小さな「ドバーッ♡」を見逃さないということです。**

「ドバーッ♡」は、お金が100万円入ってくるというような金銭的なことばかりではありません。隣の家から野菜をもらったとか、お友達からすてきな誕生日プレゼントをもらったとか、素晴らしい友人を紹介してもらったとか、忙しいのに時間の調整がついて一人でゆったりした時間が持てたとか……。

豊かさは、お金としてなだれ込んでくるものばかりでなく、ものだったり、人だったり、時間だったり、情報だったりします。エネルギーは、この地球上にあるものすべてですから、自分の豊かさの基準で、いろんなエネルギーがドバドバ入ってくるようになります。

それが、豊かさの循環しはじめた証拠ですから、それをちゃんと味わい、満たされる自分でいましょう！

自分の人生に「満たされる」ということ。それは、本当に大事なことです。満たされるというのは、すごいお金持ちになるとか、高級な住まいに暮らせるようになることではなく、いますぐ目の前のことで満たされるということ。

ちゃんと自分を満たせる力をつけることが、お金がドバーッと入ってくる「可愛いお金持ち」になる一番の近道なのです。

おわりに

最後までお読みいただき、ありがとうございました。私のこれまでの人生でいちばんの悩みの種だった「お金」についての本を、こうやって書き上げることができ、とてもうれしく思っています。

本をつくる過程で、原稿を何度も読み返しましたが、自分の書いた文章を見て、私の人生のダメさ加減に情けなくなるのと同時に、なんだか笑えてきました。そして、よくあの状態からここまで来たな……と他人事のように感心している自分がいます。

どんな人でも、本気になったときから人生は絶対にいい方向に変わり出します。自分の力を見くびってはいけません。「私はこんなもんだ」なんて思っている場合ではありあせん。自分が望みさえすれば、誰もがもっと人生を楽しめるし、もっと豊かになれるのです。

自分が豊かさを感じるようになってから、私のまわりの人たちもどんどん豊かになっていきました。みんな自分の「いま」をじっくりと味わい、やりたいことをちゃんと選べる、そんな毎日を楽しんでいます。

次はあなたの番です。

私がこの本を通して、お伝えしたかったのは、

「本当の豊かさ」＝「自分の人生の選択肢を増やし、そして心から楽しむこと」。

そうやって心から人生を楽しんでいると、結果として「お金がドバーッ♡」と入りやすくなります。ちょっと豊かさが足りないなと思ったら、心のなかで唱えてみてください。「豊かさドバーッ♡」って。そうすると、豊かな気持ちが体中にあふれ出てきて、それが「お金ドバーッ♡」につながっていきます。

これから起こるあなたの「お金ドバーッ♡」を心から願っています。

宮本 佳実

宮本 佳実（みやもと よしみ）
ワークライフスタイリスト／ビューティリア代表

1981年生まれ、愛知県出身。高校卒業後、アパレル販売員、一般企業、司会者を経験。28歳で起業を決心し、パーソナルスタイリストとなる。名古屋で主宰する「女性のためのスタイリングサロン ビューティリア」は全国から顧客が来店するサロンに成長。その経験から「好きなこと起業」の楽しさを多くの人に伝えたいとコンサルティング活動を開始。

現在はサロンをチーム化し、自身はワークライフスタイリストとして「可愛いままで起業できる！」をコンセプトに活動。女性らしく自分らしく、幸せと豊かさを手に入れられる生き方やマインドを発信。セミナーは一日で400人が参加するなど大盛況。

著書に『可愛いままで年収1000万円』『成功の扉が次々ひらく♡ミラクルレッスン』『可愛いままでこう働く』『可愛いままで年収1000万円になる WORK LIFE STYLE BOOK』（小社刊）がある。

宮本佳実 オフィシャルサイト
HP http://yoshimimiyamoto.com
Blog http://ameblo.jp/beauteria/
Twitter http://twitter.com/beauteria
Instagram http://www.instagram.com/yoshimi_miyamoto722
Facebook http://www.facebook.com/yoshimimiyamoto722

お金ドバーッ♡思考　可愛いお金持ち養成講座

2017年5月30日　第1版第1刷発行

著　者　宮本佳実
発行者　玉越直人
発行所　WAVE出版
〒102-0074　東京都千代田区九段南3-9-12
TEL 03-3261-3713　FAX 03-3261-3823
振替 00100-7-366376
E-mail: info@wave-publishers.co.jp
http://www.wave-publishers.co.jp

印刷・製本　萩原印刷

NDC673 191p 19cm
ISBN978-4-86621-060-5